Die Schule der Kommunikation

Mark H. McCormack ist Begründer, CEO und Chairman der International Management Group (IMG). Er vermarktet weltbekannte Stars wie die Tennisspieler Martina Hingis und Andre Agassi sowie berühmte Sportveranstaltungen wie das Tennisturnier von Wimbledon. Er hat maßgeblich zum Umsatzboom in der gesamten Sportbranche beigetragen.

McCormack ist Autor der bei Campus erschienenen Bücher *Die Schule des Managements*, *Die Schule des Verkaufens* und *Die Schule des Verhandelns*.

Mark H. McCormack

Die Schule der Kommunikation

Aus dem Englischen
von Maria Bühler

Campus Verlag
Frankfurt/New York

Die Originalausgabe erschien 1996 unter dem Titel
»Mark H. McCormack on Communicating« bei Century Ltd.

Copyright © 1996 by Mark H. McCormack Enterprise Inc.
All Rights Reserved.

Die Deutsche Bibliothek – CIP-Einheitsaufnahme

MacCormack, Mark H.:
Die Schule der Kommunikation / Mark McCormack.
Aus dem Engl. von Maria Bühler – Frankfurt/Main ; New York :
Campus Verlag, 1998
Einheitssacht.: Mark H. McCormack on communicating ⟨dt.⟩
ISBN 3-593-35894-8

Das Werk einschließlich aller seiner Teile ist urheberrechtlich geschützt.
Jede Verwertung ist ohne Zustimmung des Verlags unzulässig.
Das gilt insbesondere für Vervielfältigungen, Übersetzungen, Mikroverfilmungen
und die Einspeicherung und Verarbeitung in elektronischen Systemen.
Copyright © 1998 Campus Verlag GmbH, Frankfurt/Main
Umschlaggestaltung: Guido Klütsch, Köln
Satz: Typo Forum Gröger, Singhofen
Druck und Bindung: Media-Print, Paderborn
Gedruckt auf säurefreiem und chlorfrei gebleichtem Papier.
Printed in Germany

Inhalt

Einführung
Kein Grammatikunterricht 7

Kapitel 1
Wie man erfolgreich mit mir kommuniziert 13

Kapitel 2
Das verfügbare Handwerkszeug 19

Kapitel 3
Alles beginnt mit der Wortwahl 50

Kapitel 4
Das Spiel mit der Wahrheit 61

Kapitel 5
Die vielen Masken des Wortes »Nein« 80

Kapitel 6
Das persönliche Gespräch 91

Kapitel 7
Schriftliche Kommunikation 121

Kapitel 8
Sprechen Sie gerne vor Publikum? 142

Kapitel 9
Auf Jobsuche 153

Kapitel 10
Techniken für Fortgeschrittene 164

Einführung
Kein Grammatikunterricht

Ich möchte Ihnen gleich zu Beginn sagen, was Sie in diesem Buch nicht finden werden.

Sie finden darin kein umfassendes Regelwerk für Grammatik und Satzbildung.

Sie finden darin keine Briefvorlagen, mit denen Sie Vorschläge unterbreiten, Absagen formulieren oder Ihr Beileid ausdrücken könnten.

Sie finden darin kein Glossar der am häufigsten mißverstandenen Wörter und Sätze im Geschäftsverkehr.

Sie finden keine Erläuterungen ausgefallener rhetorischer Mittel. Dazu gehört etwa die *Anapher*, die Wiederholung eines Wortes oder einer Phrase zu Beginn mehrerer aufeinanderfolgender Sätze, um einen besonders nachhaltigen Effekt zu erzielen (z. B.: »Sie finden darin kein ...«).

Ich verspreche auch, daß Sie es auf diesen Seiten zum letztenmal mit Begriffen wie »Konjunktiv« und »einschränkender Relativsatz« zu tun haben werden.

Wenn Sie alles über die Prinzipien der Satzkonstruktion, des Stils und der Gestaltung von Texten erfahren wollen, halten Sie das falsche Buch in den Händen.

Ich bin weder Grammatiklehrer noch Rhetorikdozent und auch kein Amateurlinguist. Ich fühle mich keineswegs dazu berufen, mich mit den subtilen Feinheiten von Fragen auseinanderzusetzen wie etwa der, wann man »ist« oder »sei« verwendet.

Außerdem bin ich kein Pedant. Wenn jemand ein Wort falsch verwendet oder eine Präposition falsch setzt, fühle ich mich nicht genötigt, dies zu korrigieren. Als ich selbst das letztemal verbessert wurde, fand ich das auch nicht sehr erhebend.

Ich weiß auch, daß es genügend gute Bücher gibt, in denen diese Themen erschöpfend behandelt werden. Hätte ich diesen zahlreichen Werken ein weiteres hinzufügen wollen, dann hätte ich es *Schule des Schreibens* genannt.

Aber das habe ich nicht getan. Das vorliegende Buch heißt *Schule der Kommunikation*, und das mit gutem Grund.

Zunächst einmal ist das gesprochene Wort, ob in einer Rede, einer Diskussion, einem Telefonat oder einem vertraulichen Gespräch unter vier Augen, eine weit häufigere Form der Kommunikation als das geschriebene Wort. Wir reden mehr, als wir schreiben. Und wir erreichen durch Reden wahrscheinlich auch viel mehr als durch Schreiben. Wenn das gesprochene und das geschriebene Wort die beiden Kategorien der Kommunikation darstellen, fände ich es absurd, mich in diesem Buch auf die unbedeutendere Kategorie zu beschränken und die eindeutig wichtigere zu ignorieren.

Wenn ich überlege, was Menschen von Kommunikation, in welcher Form auch immer, verlangen, entsteht eine lange Liste. Einige der grundlegendsten Ziele sind die folgenden. Menschen kommunizieren, um

- zu berichten,
- zu verkaufen,
- ihre Überlegenheit zu demonstrieren,
- Kritik zu äußern,
- zu korrigieren,
- Wissen weiterzugeben,
- sich von anderen abzuheben,
- andere zu beleidigen,
- Ereignisse aufzuzeichnen,
- Vereinbarungen schriftlich zu fixieren,

- sich Aufmerksamkeit (oder Respekt oder Anerkennung ...) zu verschaffen.

Diese Liste ließe sich endlos fortsetzen. Entscheidend dabei ist, daß der korrekte Gebrauch von »ist« und »sei« nicht notwendigerweise hilft, diese Ziele zu erreichen. Es ist noch niemandem gelungen, mich nur deshalb zu überzeugen oder zu beeindrucken, weil er makellose Sätze formulierte.

Wie alle anderen Menschen bin ich viel mehr daran interessiert, was mir jemand zu sagen hat, wie er sich dabei gibt, ob er Augenkontakt zu mir sucht, ob er mich ausreden läßt oder ständig unterbricht, ob er mir wirklich zuhört oder sich nur auf seine eigene Erwiderung konzentriert. Ich achte darauf, wann bestimmte Saiten bei meinem Gesprächspartner angeschlagen werden und wann seine Körpersprache seinen verbalen Äußerungen widerspricht.

Meiner Meinung nach sind dies (neben vielen anderen) die eigentlich wichtigen Elemente effektiver Kommunikation. Wenn Sie diese Faktoren steuern können, sind Sie auch in der Lage, die obengenannten Ziele zu erreichen, und dann spielt es keine Rolle, ob Sie »ist« oder »sei« benutzen.

Ich fühle mich verpflichtet, all dies zu Beginn des Buches zu sagen. Es ist ein Versuch zur »Wahrheit in der Werbung«. Gleichzeitig spreche ich damit auch eine offizielle Warnung an meine Leser und Leserinnen aus: Wenn Sie glauben, daß Sie besser kommunizieren können, sobald Sie die verschiedenen Kommunikationsformen beherrschen, dann sollten Sie sich auf eine Überraschung gefaßt machen. Man darf die äußere Form einer Botschaft und die Einhaltung von Kommunikationsregeln und -traditionen nicht mit der Botschaft selbst verwechseln, auch wenn sie die Botschaft leichter verständlich machen.

In diesem Buch möchte ich Sie nicht nur dazu anregen, mehr über den Inhalt Ihrer Botschaften nachzudenken, sondern auch über die anderen Faktoren, die die Kommunikation am Arbeitsplatz beeinflussen.

In Kapitel 9 sage ich Ihnen beispielsweise nicht, wie ein perfekter Lebenslauf zu schreiben ist, wie er zu gestalten, in welcher Reihenfolge Ihr beruflicher Werdegang darzulegen, wie er auf einer Seite unterzubringen ist usw. Statt dessen erfahren Sie, warum Sie sich mehr Gedanken darüber machen sollten, was der Lebenslauf *nicht* über Sie aussagt. Mit anderen Worten: Wie sieht der Lebenslauf in Ihrem Kopf und nicht auf dem Papier aus? Außerdem erfahren Sie, warum Ihr Anschreiben viel wichtiger als der Lebenslauf selbst ist. (Tip: Alle Lebensläufe sehen sich ähnlich, während Ihnen das Anschreiben eine Chance bietet, sich von anderen abzuheben und Ihr wahres Ich zu zeigen.) Ich werde sogar das größte Rätsel im Zusammenhang mit Lebensläufen lüften: Was passiert damit, nachdem sie abgeschickt wurden?

Nun sollten Sie sich eigentlich fragen, wer bin ich, daß ich über Kommunikation lehre und predige.

Ich habe schon erwähnt, daß ich kein Englischlehrer bin. Ich bin eigentlich Rechtsanwalt, und wenn Sie jemals ein juristisches Dokument gelesen haben, wissen Sie, daß ich damit nicht gerade die vielversprechendste Grundlage für eine klare, präzise Ausdrucksweise erworben habe.

Meine beste Empfehlung ist die, daß ich eine Sportmarketingfirma leite, die ich vor 36 Jahren in Cleveland, Ohio, mit einem Startkapital von 500 Dollar gegründet habe. Sie heißt International Management Group, oder einfach IMG.

Wir vertreten Hunderte bekannter Sportler und Sportlerinnen wie Arnold Palmer (mein erster Klient), Jackie Stewart, Nick Faldo, Björn Borg, Alberto Tomba, Monika Seles und André Agassi. In den vergangenen Jahren haben wir auch angefangen, klassische Musiker und Sänger wie Itzhak Perlman, James Galway und Sir Neville Marriner zu vertreten.

Wir planen und organisieren Veranstaltungen, wie etwa das Toyota World Match Play in Wentworth, ein Konzert von José Carreras in Singapur, den Detroit Grand Prix, *Jesus Christ Superstar* in Sidney oder das Dubai Snooker Classic.

Wir repräsentieren die Nobel-Stiftung. Wir haben dazu beigetragen, das Tennisturnier von Wimbledon und den Royal and Ancient Golf Club of St. Andrews kommerziell zu entwickeln.

Im TV-Bereich hat unser Tochterunternehmen Trans World

International die internationalen Übertragungsrechte für die Olympischen Spiele, die Europa- und die Weltmeisterschaften im Eiskunstlauf, die National Football League, alle großen Golf- und Tennismeisterschaften, das 24-Stunden-Rennen von Le Mans sowie andere wichtige Sportereignisse repräsentiert. Außerdem ist Trans World International der weltweit größte unabhängige Produzent im Sportfernsehen.

Heute beschäftigt IMG 2000 Mitarbeiter und Mitarbeiterinnen, die in 71 Büros in 29 Ländern über eine Milliarde Dollar Umsatz erwirtschaften. Seit der Gründung der Firma, als ich mit Arnold Palmer per Handschlag ins Geschäft kam, habe ich wohl jedes nur vorstellbare Kommunikationsproblem erlebt, das es zwischen einem Manager und seinen Mitarbeitern geben kann.

Als zweite Empfehlung für mich kann ich anführen, daß ich Bücher geschrieben habe.

1984 habe ich *Was Sie an der Harvard Business School nicht lernen* geschrieben. Es wurde ein so großer Erfolg – es war monatelang auf Platz 1 der Bestsellerlisten –, daß die Verleger von mir ein zweites Buch haben wollten, *The Terrible Truth About Lawyers*. Seit damals habe ich weitere Bücher über das Geschäftsleben geschrieben. Das vorliegende ist das neunte. Ich schreibe auch *Success Secrets,* einen monatlichen Nachrichtenbrief, sowie eine wöchentliche Managementkolumne, die in Zeitungen und Magazinen auf der ganzen Welt erscheint. Ich halte Vorträge über Management und Karriere sowie über das Sportgeschäft, und zwar bei Firmen und Berufsverbänden, auf Tagungen und in Universitäten. Sie sehen also, wenn ich nicht gerade unsere Firma leite, verbringe ich einen erheblichen Teil meiner Zeit damit, nicht nur über die Kommunikation nachzudenken, sondern tatsächlich zu kommunizieren.

Das bedeutet, daß die Beispiele im vorliegenden Buch aus meiner persönlichen Erfahrung stammen. In fast jedem Fall geht es um mich oder unsere Firma. Mit anderen Worten: Sie sind echt. In manchen Fällen mache ich darin eine gute Figur, in anderen eine weniger gute. Ich erzähle von meinen Triumphen mit der gleichen Offenheit wie von meinen Niederlagen, damit Sie erstere nachahmen und letztere vermeiden können.

Mein einziger Vorbehalt (den ich auch in den vorangegangenen Bänden dieser Reihe, nämlich *Schule des Verhandelns, Schule des Verkaufens* und *Schule des Managements*, erhoben habe), ist der, daß der vorliegende Leitfaden einen Anfang, eine Mitte und ein Ende hat. Im Gegensatz dazu ähneln meine früheren Bücher eher »Popcorn-Tüten«: Sie greifen hinein und finden immer etwas zum Kauen. Dieses Buch ist jedoch anders. Es beginnt mit den grundlegenden Kommunikationswerkzeugen, die jede Führungskraft beherrschen muß, und führt dann zu immer schwierigeren Situationen und fortgeschritteneren Techniken. Es ist so angelegt, daß Sie es von Anfang bis Ende lesen sollten.

Mit diesem Vorbehalt im Hinterkopf wollen wir nun zur Sache kommen.

Kapitel 1
Wie man erfolgreich mit mir kommuniziert

Ich betrachte mich im Geschäftsleben gerne als eine Art Bilderstürmer. Ob ich verkaufe, verhandle, Menschen führe, mit anderen Unternehmen konkurriere oder meine Zeit organisiere – ich bin immer bestrebt, mich nicht sklavisch an Schablonen und Konventionen zu halten, nur weil man es so gewohnt ist. Ich mische die Dinge gerne auf und erprobe dabei deren Grenzen.

Wenn es allerdings einen Bereich im Geschäftsleben gibt, in dem ich ein echter Traditionalist geblieben bin, dann ist es die Kommunikation – denn das Wesen der Kommunikation ändert sich nie. Ihre Ziele bleiben immer dieselben: Man möchte etwas über sich selbst aussagen, anderen etwas mitteilen, sie überzeugen oder die eigene Position behaupten. Zwar wandeln sich die notwendigen Werkzeuge im Lauf der Zeit – bis vor kurzem waren es noch handschriftliche Notizen, heute ist es die E-Mail –, doch die Grundpfeiler der effektiven Kommunikation sind unverändert geblieben:

- Sie wissen, wovon Sie reden.
- Sie kennen Ihr Publikum.
- Sie kennen Ihre Mittel.
- Sie fassen sich nach Möglichkeit kurz.
- Sie kennen den Unterschied zwischen einem höflichen, aber bestimmten und einem aggressiven Ton.
- Sie wählen Ihre Worte sorgfältig aus.

- Sie denken immer daran, wie Sie gerne von anderen behandelt werden möchten.

Der letzte Punkt ist eindeutig der wichtigste. Auf das Wesentliche reduziert, stellt er eine Abwandlung der goldenen Regel des Zusammenlebens dar: Kommuniziere mit anderen so, wie du selbst möchtest, daß sie mit dir kommunizieren!

Wir alle kennen diesen Spruch auswendig, weil er uns schon in der Kindheit eingetrichtert wurde. Wenn wir frech waren, schimpften unsere Eltern: »So etwas sagt man nicht! Du möchtest doch auch nicht, daß jemand so etwas zu dir sagt!«

Im Geschäftsleben ist es nicht anders. Bevor Sie etwas über Kommunikation lernen, müssen Sie sich bewußt machen, wie Sie selbst am liebsten behandelt werden möchten. Im folgenden erfahren Sie, welche Art der Kommunikation ich mir wünsche:

1. Trauen Sie mir lieber zuviel als zuwenig zu

Am Anfang einer jeden Informationsübermittlung gibt es zwei Möglichkeiten. Zum einen kann man unterstellen, daß die Kommunikationspartner über das anstehende Thema gut informiert sind, und paßt die eigenen Ausführungen entsprechend an. Man liefert also keine ausschweifenden Erklärungen, schlägt keinen herablassenden Ton an und läßt wesentliche Details nicht unter den Tisch fallen, weil sie ohnehin »zu kompliziert« sind.

Zum anderen kann man aber auch unterstellen, daß die Kommunikationspartner ahnungslos und uninformiert sind. Folglich werden die Redebeiträge auf ein niedrigeres Niveau heruntergeschraubt.

Beide Methoden sind legitim und hängen von den jeweiligen Umständen ab. Ärgerlich finde ich es nur, wenn mir jemand Nichtwissen unterstellt, ohne dies vorher überprüft zu haben.

Wenn ich kommuniziere – persönlich, am Telefon oder schriftlich –, unterstelle ich dem anderen im Zweifelsfall lieber zuviel Wissen als zuwenig. Ich nehme einfach an, daß wir uns auf einer

Ebene befinden. Zu Beginn einer Beziehung ziehe ich es vor, wenn man mich genauso behandelt. Es ist eine Frage der Höflichkeit. Ich möchte gerne, daß man mir eine schnelle Auffassungsgabe unterstellt. Wenn ich den Ausführungen dann tatsächlich nicht mehr folgen kann, sage ich das auch. Mir bricht kein Zacken aus der Krone, wenn ich jemanden mit den Worten unterbreche: »Ich verstehe nicht, was Sie gerade sagen.«

Niemand möchte als Dummkopf behandelt werden. Wenn Sie also mit mir kommunizieren, trauen Sie mir lieber zuviel als zuwenig zu.

2. Überraschen Sie mich

Ich erhalte – ob erwünscht oder nicht – sehr viele Routinemitteilungen, seien es Memos, geschäftliche Vorschläge, Junk-Mail etc. So kommt es, daß meine Aufmerksamkeit eigentlich erst dann richtig geweckt wird, wenn jemand auf eine Art und Weise mit mir kommuniziert, die vom Gewohnten abweicht.

So las ich am 11. März 1995 um halb sechs Uhr früh in meinem Zimmer im Peninsula Hotel in Los Angeles die Zeitung, als ich einen Telefonanruf von einem jungen Australier namens James Pardoe erhielt. Das Gespräch verlief ungefähr folgendermaßen:

Pardoe: ›Mr. McCormack, ich weiß, daß Sie jeden Tag um halb fünf Uhr aufstehen, und ich möchte sehr gerne für Sie arbeiten. Ich dachte, daß Sie vielleicht eine Tasse Kaffee oder Tee mit mir trinken möchten.‹

Ich: ›Wo sind Sie?‹

Pardoe: ›Ich bin unten in der Lobby.‹

Ich: ›Woher wußten Sie, daß ich hier bin?‹

Pardoe: ›Ich weiß, daß Sie immer im Pensinsula absteigen, und habe mich regelmäßig im Hotel nach Ihnen erkundigt, bis es schließlich geklappt hat.‹

Ich: ›Woher kommen Sie?‹

Pardoe: ›Ich wohne in Malibu, aber weil die Autobahnen überflutet sind, mußte ich heute früh um drei Uhr aufstehen.‹

Ich: ›Gut, wir sehen uns in einer Stunde in der Lobby.‹

Hätte er zu einer normalen Tageszeit angerufen, wäre es ihm kaum gelungen, ein so kurzfristiges Treffen mit mir zu vereinbaren. Aber er setzte auf den Überraschungseffekt. Das funktioniert immer bei mir.

3. Führen Sie mich in Versuchung

Ich fühle mich in meiner Branche schon als echter Veteran. Nach 35 Jahren im Geschäft glaube ich oft, daß ich alles schon einmal erlebt habe. Aber mein Pulsschlag beschleunigt sich noch immer, wenn ich ein gutes Geschäft für unser Unternehmen oder für mich selbst rieche. Ich reiße auch heute noch jeden Umschlag der Lotterie auf, überzeugt davon, daß ich gerade um 10 Millionen Dollar reicher geworden bin.

Wenn Sie also in Ihrem Brief oder Telefonanruf auch nur die winzigste Andeutung machen, daß wir gemeinsam Geld verdienen können, dann kommunizieren Sie effektiv mit mir.

4. Schmeicheln Sie mir

Ich bin auch nur ein Mensch. Wenn ich Briefe von wildfremden Menschen erhalte, die mir schreiben, wie gut ihnen ein Vortrag von mir gefallen hat oder wie mein »Harvard«-Buch ihr Leben veränderte, dann lese ich ihn bis zum Schluß. Seien Sie ehrlich. Ihnen würde es genauso ergehen.

Es geht nichts über eine sorgfältig dosierte, leicht übertriebene Schmeichelei. Eine Streicheleinheit fürs Ego läßt sich niemand entgehen.

Aber überspannen Sie den Bogen dabei nicht, machen Sie keine unnötigen Fehler, und seien Sie nicht unehrlich. Wenn mir jemand schreibt, daß mein Buch sein Leben verändert habe, er aber nicht einmal meinen Namen richtig buchstabieren kann, dann zweifle ich am Wahrheitsgehalt dieses Briefes. Außerdem lese ich ihn nicht zu Ende.

5. Nennen Sie Ihr Anliegen

Es überrascht mich immer wieder, wie viele Menschen mir gut formulierte, interessante Briefe schreiben und trotzdem den wichtigsten Punkt vergessen. Sie sagen nicht, was sie eigentlich von mir möchten.

Am häufigsten passiert das Leuten, die ich noch nicht kenne und die sich bei uns vorstellen. Sie schreiben, wer sie sind und was sie erreicht haben. Oft gehen sie sogar so weit, daß sie Vorschläge unterbreiten, wie sie etwas für uns tun können. Aber am Ende des Briefes, wenn ich schon ziemlich beeindruckt und geneigt bin, eine mögliche Bitte positiv zu beantworten, starre ich auf das Blatt Papier und frage mich: Was erwartet der Absender nun von mir? Möchte er mich treffen? Erwartet er eine schriftliche Antwort? Möchte er, daß ich den Brief an einen unserer Mitarbeiter weiterleite?

Ich versuche, jeden an mich gerichteten Brief in irgendeiner Form zu beantworten. Aber wenn Sie etwas von mir möchten, dann lassen Sie mich nicht raten. Äußern Sie Ihre Bitte klar und deutlich.

6. Sagen Sie mir, daß ich falsch liege

Ich war fast während meines ganzen Berufslebens mein eigener Chef. Als Leiter eines Unternehmens muß ich leider damit rechnen, daß nur wenige Menschen den Mut oder das Selbstvertrauen haben, mir zu widersprechen oder mich gar auf Irrtümer und Fehleinschätzungen hinzuweisen. Es ist wie mit des Kaisers neuen Kleidern. Dieses Problem betrifft alle Chefs, ob sie drei oder 300.000 Beschäftigte haben.

Dabei sind abweichende Meinungen und ungeschminkte Kritik genau die Botschaften, die ich jeden Tag dringend brauche. Wenn also jemand eine klare Position bezieht und mir sagt, daß ich falsch liege, dann ist ihm meine Aufmerksamkeit sicher.

Ich bilde mir gar nicht ein, daß ich unfehlbar wäre. Aber wie jedem anderen Menschen fällt es auch mir schwer, herauszufinden, *wann* ich mich irre. Wenn Sie mich ohne Vorbehalte darauf hinweisen, fühle ich mich nicht beleidigt, sondern bin Ihnen dankbar für den Gefallen, den Sie mir damit erweisen. Sie kommunizieren mit mir auf eine Art und Weise, die ich allzu oft vermisse, und das merke ich mir.

Kapitel 2
Das verfügbare Handwerkszeug

Die Illusion der Kommunikation

Als eine gute Freundin von meinem Vorhaben erfuhr, ein Buch über Kommunikation zu schreiben, wollte sie unbedingt, daß ich das folgende Zitat aufnehme: »Das Problem mit der Kommunikation ist die *Illusion*, daß sie stattgefunden hat.«

Sie hat nicht unrecht. An jeder Kommunikation sind mindestens zwei Seiten beteiligt: Die eine sendet eine Botschaft aus, und die andere empfängt sie. Leider kommt es nur selten vor, daß sich beide Parteien auf derselben Wellenlänge befinden – der Empfänger also hört, was der Sender tatsächlich sagt.

Dafür gibt es einen Grund. Zwischen dem Versenden und dem Empfangen einer Botschaft kommen zahlreiche Störfaktoren ins Spiel. Diese verzerren die Botschaft oder beeinträchtigen unsere Fähigkeit, sie richtig zu interpretieren. Deshalb sollten Sie die folgenden Gefahren kennen, die die Kommunikation am Arbeitsplatz oft zur reinen Illusion machen.

1. Der Erhalt der Botschaft wird nicht bestätigt

Ich betrachte die militärische Kommunikation als Vorbild für alle Formen der Kommunikation im Geschäftsleben. Wenn Militärangehörige mitten im Gefecht über nicht hundertprozentig zuverlässige elektronische Geräte sprechen, müssen sie einander stets bestätigen, daß sie eine Botschaft erhalten *und* verstanden haben. Im Kampf um Leben oder Tod berücksichtigen sie die Möglichkeit, daß Kommunikationssignale unterwegs gestört werden oder verlorengehen können. Nichts wird für selbstverständlich genommen. Jede Botschaft muß vom Empfänger quittiert werden.

Dies ist keine besonders elegante Methode, um zu kommunizieren, und sie ist außerdem sehr zeitraubend. Aber sie gewährleistet, daß die Botschaft *eindeutig ankommt* - und darauf achtet man im Geschäftsleben leider viel zu selten.

Zu viele Führungskräfte wiegen sich in der Illusion, daß ihre Mitarbeiter genau das hören, was sie ihnen sagen. Sie pochen nie darauf, sich von ihnen bestätigen zu lassen, daß die Botschaft angekommen ist.

Diesen Führungskräften empfehle ich in Anlehnung an die Kommunikation im Militär die folgende Übung. Wenn Sie einen Mitarbeiter wieder einmal mit einer Aufgabe betrauen, bitten Sie ihn, bevor er den Raum verläßt: »Könnten Sie das für mich wiederholen?!« Sie würden sich wundern, wie entstellt und verdreht die Antworten sind.

2. Niemand macht Nägel mit Köpfen

Anfang 1996 kehrte ich von einer denkwürdigen Konferenz zurück, bei der mindestens 30 Entscheidungsträger ihr Interesse an geschäftlichen Beziehungen zu unserem Unternehmen geäußert hatten. Mir war klar, daß ich schon rein physisch nicht in der Lage war, jeden dieser Kontakte rechtzeitig persönlich weiterzuführen. Gleichzeitig war mir die Gefahr deutlich bewußt, daß ich diese neuen Chancen erst einmal beiseite schieben und mich um die dringenderen Angelegenheiten kümmern würde, sobald ich wieder im Büro wäre. Deshalb beschloß ich, all meine Überlegungen über die potentiellen Geschäftsbeziehungen in einem ausführlichen Memo über die Konferenz festzuhalten. Ich beschrieb die einzelnen Menschen, die ich kennengelernt hatte, und listete sämtliche Informationen über sie auf, angefangen von meinem persönlichen Eindruck bis hin zu ihrer Position und Firmenanschrift. Ich nannte auch die Bereiche unseres Unternehmens, für die sie sich besonders interessierten.

Dann tat ich etwas, was ich noch nie zuvor ausprobiert hatte. Ich ergänzte jeden Eintrag um eine Rubrik mit der fett gedruckten Überschrift »Erwünschte Maßnahme«. In dieser Rubrik legte ich fest, wer in unserem Unternehmen bei diesen wichtigen Personen nachfassen sollte. Ich beschrieb, wie der nächste Schritt meiner Meinung nach aussehen sollte und welche Themen besprochen werden könnten. Außerdem setzte ich Fristen für die Rückmeldungen meiner Mitarbeiter.

Ich erwähne dies nicht nur deshalb, weil es für mich eine neue Methode war, sondern weil ich auf ein sehr verbreitetes Versäumnis in der Kommunikation am Arbeitsplatz hinweisen will. Wenn der größte Fehler in der Kommunikation darin besteht, den Empfang einer Botschaft nicht zu bestätigen, dann besteht der zweitgrößte Fehler sicherlich darin, *keine spezifischen Maßnahmen zu fordern*.

Wenn Sie ebenso viele Dokumente wie ich gelesen haben, in denen es von Fakten und Ansichten wimmelt, in denen aber nie gesagt wird, was mit all den Informationen zu tun sei, werden Sie mir zustimmen.

Es spielt überhaupt keine Rolle, welche Form der Kommunikation Sie vorziehen, ob Memos, Briefe, Telefonanrufe oder E-Mails. Wichtig ist nur folgendes: wenn Sie Ihre Botschaft nicht mit einer eindeutigen Aufforderung zum Handeln abschließen, dann kommunizieren Sie nicht effektiv. Ihr Memo, Ihr Brief, Ihr Telefonanruf oder Ihre E-Mail sind dann nur eine Illusion.

3. Angst vor Widerspruch

Haben Sie je in einer Besprechung gesessen, in der der Chef etwas offensichtlich Falsches sagte oder eine Entscheidung traf, die auf falschen Informationen basierte? Und niemand ergriff das Wort, um ihm zu widersprechen?

Dieses Schweigen ist eine weitere Illusion in der Kommunikation. Ich nenne es die »Widerspruchsfalle«. Nur weil man Ihnen nicht widerspricht, stimmt man Ihnen noch lange nicht zu.

Als Chef bin ich mir der Tatsache wohl bewußt, daß es Mut erfordert, mir meinen Irrtum klarzumachen. Meine größte Sorge ist in der Tat die, daß mir niemand mehr die Wahrheit sagt, denn die Wahrheit ist das Wichtigste, was ich für meine Arbeit brauche.

Ich möchte herausgefordert werden und Einwände und Gegenmeinungen hören. Wenn ich uneingeschränkte Zustimmung ernte, werde ich mißtrauisch, denn ich bilde mir nicht ein, daß nun alle mit mir einer Meinung seien. Es bedeutet eigentlich nur, daß ich noch sehr viel kommunizieren muß.

Ich kann allen Chefs nur empfehlen, dem Schweigen ihrer Kollegen und Mitarbeiter mit derselben Skepsis zu begegnen.

4. Auseinandersetzungen gelten als unerwünscht

Aus der »Widerspruchsfalle« ergibt sich auch der folgende Umkehrschluß: Nur weil jemand Ihren Standpunkt angreift, heißt das noch lange nicht, daß er insgesamt gegen Sie wäre.

Ich bin überzeugt davon, daß am Arbeitsplatz schon unzählige Mißverständnisse entstanden und Beziehungen irreparabel geschädigt wurden, nur weil ein Mitarbeiter den Standpunkt eines anderen angriff.

Das Schöne an den Besprechungen in unserer Firma ist, daß unsere Topmanager ihre unterschiedlichen Meinungen frei äußern und diskutieren. Dies tut ihrer guten Beziehung untereinander überhaupt keinen Abbruch. Manche dieser Manager sind schon seit zwanzig Jahren oder noch länger bei uns an Bord. Sie kennen sich auch privat. Sie werden nach Hause eingeladen und steigen nicht im Hotel ab, wenn sie in der Stadt eines anderen zu tun haben. Sie fahren gemeinsam in Urlaub. Diese Kameradschaft ist in vielerlei Hinsicht bewundernswert, aber wenn es um die effektive Kommunikation geht, ist sie von unschätzbarem Wert.

Die Auseinandersetzungen in unseren Besprechungen können laut, heftig und manchmal auf komische Weise unschön sein. Aber das bedeutet nicht, daß die Beteiligten einander nicht mehr respektieren oder sich später nicht mehr an denselben Tisch zum Abendessen setzen. Diese Offenheit in Auseinandersetzungen kommt meiner Idealvorstellung schon sehr nahe.

Wenn Sie dies in Ihren Besprechungen anders erleben, liegt mit der Kommunikation in Ihrem Unternehmen etwas im argen.

5. Das falsche Medium

Manchmal ist der größte Fehler in der Kommunikation der, daß man das verkehrte Medium wählt.

Wir haben beispielsweise einen Manager in einem abgelegenen Winkel der Erde, der die lästige Angewohnheit hat, weder Briefe noch Faxmitteilungen zu beantworten. Dafür reagiert er mit geradezu fanatischem Eifer auf Telefonanrufe. Das Telefon ist sein bevorzugtes Kommunikationsmedium. Deshalb werden Sie nie über die Illusion einer Kommunikation mit ihm hinauskommen, wenn Sie ihm schreiben. In seinem Fall kommt nur das Telefon in Frage.

Ein anderer Manager leidet an einer leichten Lesestörung. Es fällt ihm schwer, lange schriftliche Mitteilungen zu lesen. Aber er ist ein brillanter Mitarbeiter und kompensiert seine Schwäche, indem er sich an alles, was er hört, praktisch perfekt erinnern kann. Wenn ich mit ihm kommunizieren will, dann rede ich also mit ihm. Wenn ich ihm schreibe, erreicht ihn nur ein Bruchteil meiner Botschaft, und ich weiß nie, welcher Teil es nun war.

Ich glaube, daß unsere Botschaften insgesamt besser verstanden werden, wenn wir uns mehr Gedanken darüber machen, welches Medium die Empfänger bevorzugen.

Elf sinnlose Ratschläge

Vor kurzem traf ich bei einer Einladung einen Drehbuchautoren. Ich erzählte ihm, daß ich seine Arbeit bewundere, und meinte dann voller Mitgefühl, daß sein Job sehr hart sein müsse.

Ich sagte: »Das Unangenehmste an Ihrer Arbeit muß doch sein, daß Sie den ganzen Tag alleine am Schreibtisch sitzen und sich Dialoge ausdenken müssen, die ganz natürlich klingen.«

Er widersprach mir entschieden: »Alleine am Schreibtisch zu sitzen und zu schreiben ist genau das, was mir Spaß macht. Unangenehm wird es nur dann, wenn unsere Arbeit von Leuten beurteilt und kritisiert wird, die eigentlich keine Ahnung davon haben. Wenn ihnen ein Drehbuch nicht gefällt, sagen sie: ›Könnten Sie das nicht etwas spannender machen?‹ oder: ›Da muß mehr Pfiff rein.‹ Sie tun so, als würden sie mit dieser Aufforderung eine 1000-Watt-Birne in meinem Kopf anknipsen. Das finde ich wirklich unangenehm. Die sogenannten Ratschläge nützen mir gar nichts.«

Die Bemerkungen des Drehbuchautoren trafen ins Schwarze, denn ich glaube auch, daß wir alle den Fehler begehen, Anweisungen zu erteilen, die nichts bewirken. Wir wiegen uns in der Illusion, glasklare Aufforderungen zu erteilen, die hundertprozentig richtig interpretiert würden. Lesen Sie einmal folgende Liste mit sogenannten Anweisungen, die wir alle im Lauf eines Tages bekommen oder erteilen:

- ›Dieser Vorschlag muß anders gewichtet werden.‹
- ›Sorgen Sie dafür, daß das Problem verschwindet.‹
- ›Wir müssen mehr verkaufen.‹
- ›Tun Sie es einfach.‹
- ›Bekommen Sie das besser in den Griff.‹
- ›Daran müssen Sie noch arbeiten.‹
- ›Arbeiten Sie den Vorschlag aus und kommen Sie dann wieder.‹
- ›Machen Sie daraus viel Geld für uns.‹
- ›Prüfen Sie, was der Kerl will.‹
- ›Erfüllen Sie das Projekt mal mit etwas Leben.‹
- ›Ich bin noch nicht überzeugt. Überzeugen Sie mich.‹

Diese Bemerkungen erinnern mich an eine Szene im Film *Amadeus*, in der der österreichische Kaiser nach der Premiere der *Hochzeit des Figaro* hinter die Bühne geht, um Mozart zu seinem Meisterwerk zu gratulieren. Der Kaiser erklärt Mozart, daß die Oper wunderbar gewesen sei, die Musik sein kaiserliches Ohr aber ein wenig überfordert habe. »Es waren einfach zu viele Noten«, meint er.

Mozart wendet ein, daß er so viele Noten wie erforderlich verwendet habe, nicht mehr und nicht weniger.

Der Kaiser beharrt auf seiner Kritik und macht Mozart den einfältigen Vorschlag, die Oper zu verbessern, indem er einige Noten streichen solle.

Mozart fragt ironisch: »Welche Noten soll ich denn herausnehmen, Majestät?«

Eine Anweisung erfüllt ihren Zweck immer dann nicht, wenn sie den Empfänger verwirrt oder verärgert, oder wenn sie ihn aus anderen Gründen nicht motivieren kann.

Die obengenannten Anweisungen sind wertlos, weil ihnen wesentliche Elemente fehlen. Um eine effektive Anweisung zu erteilen, sollten Sie folgende Faktoren berücksichtigen:

1. Erklären Sie, warum Sie etwas so und nicht anders haben möchten

Eine gute Anweisung ist mit der Aussage über eine Unternehmensmission vergleichbar. Sie definiert ein spezifisches Ziel und gibt an, warum es sich lohnt, dieses Ziel zu verfolgen. Wenn Sie jemandem den Weg in Ihr Büro beschreiben, steht das Ziel dieser Anweisung gewöhnlich schon fest. Sie möchten mit dieser Person ein persönliches Gespräch führen. Aber es gibt viele alltägliche Anweisungen, aus denen das Warum nicht ohne weiteres hervorgeht. Deshalb müssen Sie explizit darauf hinweisen.

So könnte ich einen Mitarbeiter anweisen: »Erfüllen Sie diesen Vorschlag mit Leben.« Damit deute ich lediglich an, daß ich vom bisher vorgelegten Material nicht sehr beeindruckt bin. Meine

Anweisung ist so vage, daß sie wahrscheinlich nicht einmal eine unmittelbare Reaktion hervorruft. Besser wäre es, wenn ich vorausschicken würde: »Dieser Vorschlag ist das wichtigste Dokument, das wir in diesem Jahr an unseren Topklienten schicken.« Dieser Hinweis würde die Dringlichkeit meiner Bitte verdeutlichen. Zumindest habe ich dann erreicht, daß der Mitarbeiter die Prioritäten kennt und versteht, warum er meine Anweisung befolgen soll.

2. Definieren Sie das gewünschte Ergebnis

Mit einer guten Anweisung veranlassen Sie Ihre Mitarbeiter nicht nur zum Handeln, sondern Sie sagen ihnen auch, wann sie wieder aufhören sollen. Die Anweisung »An diesem Bericht muß noch gearbeitet werden« ist gefährlich vage, denn Sie legen damit nicht fest, wieviel Arbeit noch hineingesteckt werden soll. Theoretisch könnte Ihr Mitarbeiter für den Rest des Jahres daran arbeiten. Deshalb sollten Sie hinzufügen: »Sobald Sie genaue Prognosen haben, die von Bob und Ted abgesegnet wurden, zeigen Sie mir den Bericht bitte wieder.«

3. Erklären Sie genau, wie Sie eine Aufgabe erledigt haben möchten

Zu einer guten Anweisung gehören auch die Details, die über die Techniken und Methoden zu ihrer Ausführung Auskunft geben. In unserem Unternehmen gibt es sicherlich Mitarbeiter, die genau wissen, was ich meine, wenn ich sage: »Kümmern Sie sich darum« oder »Sorgen Sie dafür, das das aufhört.« Sie haben lange genug mit mir zusammengearbeitet, um zu wissen, welche Vorgehensweise ich befolgen würde.

Aber die Mehrzahl der Mitarbeiter benötigt eine Schritt-für-Schritt-Anweisung. Wenn ich einen meiner Manager bitte, einen Geschäftspartner in einer anderen Firma anzurufen, dann sage ich ihm gleichzeitig, wann er anrufen soll, mit welchen Mitteln er die Sekretärin bewegen kann, ihn weiterzuverbinden, und vielleicht noch, welche Themen er anschneiden oder meiden sollte. Es ist erstaunlich, wie viele Manager es versäumen, diese Details anzugeben. Wenn Sie einem Mitarbeiter sagen, was er tun soll, nicht aber, wie er es tun soll, brauchen Sie sich über Fehlschläge nicht zu wundern.

4. Geben Sie einen Zeitrahmen vor

Eine gute Anweisung enthält auch eine Frist. Die Anweisung »Ich brauche den Bericht!« ist nicht so gut wie: »Ich brauche diesen Bericht sofort!«, und letztere wiederum ist nicht so gut wie: »Ich brauche den Bericht spätestens morgen um siebzehn Uhr!« Die besten Anweisungen enthalten eine Zeitangabe.

5. Definieren Sie Erfolg und Mißerfolg

Einer guten Anweisung kann man entnehmen, wann man zu weit oder noch nicht weit genug gegangen ist. Wenn Sie den Weg zu Ihrem Haus beschreiben, sollten Sie also sagen: »Wenn Sie rechts an einer roten Kirche vorbeikommen, sind Sie schon einen Block zu weit.« Auf das Geschäftsleben übertragen, bedeutet das, zu definieren, was für Sie akzeptabel ist und was Sie nicht mehr tolerieren.

Wenn Sie Ihren Mitarbeitern sagen: »Wir wollen mit diesem Geschäft viel Geld verdienen«, fragen diese sich natürlich: »Was ist ›viel Geld‹? Wieviel ist genug?« Wenn Sie nicht sagen, daß Sie mindestens 50.000 Dollar aus einem bestimmten Geschäft erwarten, dann haben Sie es sich selbst zuzuschreiben, wenn sie hochzufrieden mit 25.000 Dollar zurückkommen.

Manche Mitarbeiter in unserem Unternehmen glauben ganz bestimmt, daß ich detailbesessen sei, zuviel kontrolliere und einige meiner im Lauf der Jahre erteilten Anweisungen zu ausgiebig kommentiere. Aber in der Regel bleibt mir gar nichts anderes übrig, wenn ich sicherstellen will, daß meine Anweisungen nicht ins Leere laufen.

Der Trick mit der Schlagzeile

Geben Sie manchmal der Versuchung nach, spontan ein Regenbogenblatt zu kaufen, weil Ihnen vom Titelblatt eine fette Sensationsschlagzeile entgegenspringt? Wenn Sie dann den dazugehörigen Artikel im Inneren lesen wollen, stellen Sie fest, daß Sie hereingefallen sind. Hinter der Schlagzeile stehen weder Fakten noch handfeste Ereignisse, sondern nur Mutmaßungen und bösartige Spekulationen.

Nach drei oder vier derartigen Erfahrungen kaufen Sie dieses Blatt wahrscheinlich nicht mehr, weil es nicht glaubwürdig ist.

Dasselbe passiert auch häufig am Arbeitsplatz.

Ich kann gar nicht zählen, wie oft mich schon jemand mit einer angeblich spektakulären, für unser Unternehmen äußerst lukrativen Idee beeindrucken wollte. Und dann vergingen Tage, Wochen und Monate, und ich hörte nie mehr etwas von dieser Idee. Dieses Verhalten ist meiner Meinung nach mit dem der Regenbogenpresse vergleichbar. Die Schlagzeile ist alles.

Wer mich oder andere regelmäßig mit solchen Schlagzeilen blendet, läuft Gefahr, irgendwann jede Glaubwürdigkeit zu verlieren.

Ein Grund dafür, warum dieses Verhalten im Geschäftsleben so oft zu beobachten ist, dürfte die natürliche Grenzlinie zwischen Denkern und Machern sein. Diese Grenze gibt es in jedem Unternehmen.

Ein gewisser Prozentsatz der Mitarbeiter gehört immer zu den klassischen »Ideenmenschen«. Sie träumen gerne, malen sich alle möglichen Szenarien aus und überraschen immer wieder mit ihren kreativen Einfällen. Sie sind in der Lage, scheinbar widersprüchliche Fakten in kühne neue Konzepte einzubinden, die die Unternehmensentwicklung auf Jahre hinaus sichern.

Ebenso braucht jedes Unternehmen einen gewissen Anteil klassischer »Macher«. Diese Menschen sind zwar nicht besonders kreativ, aber sobald man sie auf den richtigen Weg gebracht hat, führen sie mit ihrer Ausdauer, Beharrlichkeit und Detailgenauigkeit jedes einmal begonnene Projekt auch zu Ende.

Der meiste Erfolg ist denjenigen Menschen beschieden, die beides beherrschen. Sie haben nicht nur das Talent, unkonventionelle Ideen zu entwickeln, sondern auch die Kraft und Energie, sie umzusetzen.

Falls Sie nicht schon zu den Ideenmenschen gehören, kann ich Ihnen leider auch kein Zaubermittel anbieten, das Ihnen zu mehr Kreativität verhilft. Gehören Sie jedoch zu den erfinderischen Menschen und beklagen, daß Ihre brillanten Ideen den Weg in die Realität nicht finden, sollten Sie die folgenden vier Punkte beachten. Damit werden Sie verhindern, daß Sie Ihre Glaubwürdigkeit verlieren, weil man Ihnen das Etikett »Die Schlagzeile ist alles« aufgeklebt hat.

1. Haben Sie Geduld

Ich war schon immer der Meinung, daß Geduld die wichtigste Eigenschaft ist, um Ideen zum Leben zu erwecken. Der Weg zwischen *Idee* und *Ergebnis* ist meist sehr lang. Die wenigsten Veränderungen vollziehen sich über Nacht. Das Problem ist nur, daß viele kreative Menschen das nicht wahrhaben wollen. Sie wünschen sich schnelle Ergebnisse und schnellen Applaus für ihre Arbeit. Wenn die Ergebnisse auf sich warten lassen, sind sie zu schnell entmutigt und wenden sich einer anderen Aufgabe zu. Deshalb werden so viele Ideen bald nach ihrer Geburt zu Waisen. Ihre Eltern bringen nicht die Geduld auf, ihnen die notwendige Zeit zum Wachsen zu geben.

2. Legen Sie einen Zeitplan fest

Der erste Schritt, um mehr Geduld zu entwickeln (oder zumindest Ihre Ungeduld zu zügeln), besteht darin, einen realistischen Zeitplan für die Umsetzung Ihrer Idee festzulegen. Es spielt keine Rolle, ob Sie zwei Wochen oder zwei Jahre veranschlagen, wichtig ist nur, daß Ihre Vorstellung realistisch ist. Dann werden Sie die Flinte auch nicht beim ersten Rückschlag schon ins Korn werfen.

Vor einigen Jahren kamen wir auf die Idee, eine Golfweltrangliste zu erstellen. Mir war klar, daß es mindestens drei Jahre dauern würde, diesen Gedanken umzusetzen. Wir mußten unsere Idee erst einmal bekannt machen, ihre Finanzierung absichern, Werbekonzepte entwickeln und Marketingstrategien vorbereiten. Dieser Dreijahreszeitraum war der Zeitrahmen, an dem ich mich im Geiste immer orientierte, und er hielt mich bei allen Rückschlägen, die es unterwegs gab, aufrecht.

3. Sorgen Sie dafür, daß alle Beteiligten den Zeitplan kennen

Sobald Sie einen Zeitplan erstellt haben, empfiehlt es sich in der Regel, Ihre Vorgesetzten darüber zu informieren. Das Schlimmste, was Sie tun können, ist, Ihre Chefs für eine neue Idee zu begeistern und sie glauben zu machen, daß sie in vier Wochen umgesetzt sei, während Sie insgeheim ein halbes Jahr veranschlagen.

Es ist nichts damit gewonnen, sich selbst in Geduld zu üben, wenn man nicht seine Vorgesetzten darauf eingestellt hat, geduldig zu sein.

4. Informieren, informieren, informieren

Am einfachsten bringen Sie sich um Ihre Glaubwürdigkeit, wenn Sie unterstellen, daß Ihre Chefs wüßten, wie hart Sie an einer Idee arbeiten. In Wahrheit wissen sie nämlich wahrscheinlich gar nichts. Deshalb sollten Sie sie über den Fortgang Ihres Projekts regelmäßig informieren.

Ich selbst habe als Vorgesetzter nur eine ungefähre Ahnung von den dutzenden Ideen, an denen unsere Mitarbeiter arbeiten. Es ist nur natürlich, anzunehmen, daß diejenigen, die mich regelmäßig auf dem laufenden halten, auch am härtesten arbeiten – und umgekehrt. Diese Annahme mag nicht fair sein, aber woran soll man sich als Chef sonst halten?

Denken Sie an diesen Rat, wenn Sie Ihre nächste brillante Idee vortragen. Wenn Sie Ihre Vorgesetzten mit einer sensationellen Schlagzeile beeindruckt haben, dann sollten Sie ihnen auch mitteilen, wie Sie mit Ihrem Text vorankommen.

Die Gefährlichkeit unausgegorener Ideen

Einer unserer New Yorker Manager war neulich auf dem Sprung zu einer Besprechung mit einem unserer wichtigsten Lizenznehmer, als ein Kollege ihn mit den Worten aufhielt: »Ich habe eine großartige Idee für Ihren Kunden, die Sie gleich mit ihm besprechen sollten.«

Der Kollege erläuterte seine Idee und ließ sich dabei von seiner eigenen Begeisterung mitreißen, bis er vom Lizenzmanager unterbrochen wurde.

»Wenn Sie glauben, daß ich meinem Klienten diese unausgegorene Idee vorschlage, sind Sie verrückt. Wir beide wissen, wie das mit guten Ideen so ist. Manche funktionieren und andere lösen sich einfach wieder im Nichts auf. Aber mein Klient weiß das nicht. Er erwartet, daß ich ihm alles schön verpackt präsentiere, am besten mit einer Schleife drum herum. Wenn ich Ihre Idee erwähne und sie aus irgendeinem Grund nicht umgesetzt wird, dann stehe ich ganz schön dumm da.«

Unser Lizenzmanager wies hier auf einen wichtigen Punkt hin. Das Gefährliche an einer unausgegorenen Idee ist nicht, daß sie niemals das Tageslicht erblicken könnte, sondern daß man seine Glaubwürdigkeit aufs Spiel setzt, wenn man sie vorschlägt und dann nicht umsetzt.

Ich bemerkte schon früh, daß es im wesentlichen zwei Möglichkeiten gibt, um einem Klienten neue Ideen zu präsentieren. Die eine Möglichkeit ist die, ihm einfach von sämtlichen Projekten zu erzählen, die ich verfolge. Wenn es also zehn Projekte in unterschiedlichen Entwicklungsstadien gibt, gehe ich sie mit dem Klienten durch und bitte ihn um seine Meinung.

Die zweite Methode ist die, daß ich mich bedeckt halte. Ich erwähne ein Projekt nur, wenn ich mir hundertprozentig sicher bin, daß es auch durchführbar ist. Erst dann lege ich es dem Klienten zur Genehmigung vor.

Beide Methoden haben ihre Vor- und Nachteile.

Einerseits können lange Zeiträume entstehen, in denen ich gar keinen Kontakt mit dem Klienten habe, wenn ich ihm Ideen grundsätzlich nur als »Fertigprodukte« präsentiere. Möglicherweise gewinnt der Klient dann den Eindruck, daß ich mich nicht besonders für ihn engagiere.

Wenn ich ihm andererseits von jeder Idee erzähle, die mir in den Sinn kommt, verliere ich an Glaubwürdigkeit. Ich kann es dem Klienten nicht verübeln, daß er anfängt, an meiner Kompetenz zu zweifeln, wenn keiner meiner zehn Vorschläge ausgeführt wurde.

Die Wahl der richtigen Methode hängt davon ab, mit wem man es zu tun hat. Manche Menschen haben keine Probleme damit, eine Vielzahl von Ideen zu diskutieren und zu akzeptieren, daß die meisten, wenn nicht alle, nie umgesetzt werden. Andere möchten mit unausgegorenen Ideen nicht behelligt werden, sondern interessieren sich nur für die vollendeten Tatsachen.

So mußte ich in meinen Anfangsjahren mit Arnold Palmer erst lernen, daß es keinen Sinn hatte, ihm von allen Projekten zu erzählen, die ich für ihn plante. Er fing dann nämlich an, über die verschiedenen Möglichkeiten nachzugrübeln, und konzentrierte sich nicht mehr genug auf sein Golfspiel.

Wenn ich ihm beispielsweise erzählte, daß der peruanische Golfverband ihn für die Peruvian Open haben wollte, fragte er regelmäßig bei mir nach: »Wie sieht es mit der Peru-Sache aus? Werde ich in Peru spielen?«

Schließlich begriff ich, daß es für alle Beteiligten am besten war, über unfertige Pläne gar nicht erst zu sprechen. Zuerst überprüfte ich deshalb, ob Arnold in der Woche der Peruvian Open überhaupt

Zeit hatte. Dann gab ich den Peruanern grünes Licht, einen Sponsor für Arnolds Besuch zu suchen. Erst wenn ich ein sicheres Geschäft in der Tasche hatte, erzählte ich ihm von der Veranstaltung. Bis dahin hielt ich die betreffende Woche in seinem Terminkalender frei. Wenn er andere Pläne machte, blieb mir natürlich nichts anderes mehr übrig, als ihn zu informieren. Bis dahin aber schwieg ich.

Die Kunst, gut zu erklären

Ich fand es schon immer faszinierend, daß viele Spitzensportler nicht in der Lage sind zu sagen, wie ihnen ihre Erfolge gelingen. Sie sind unfähig, ihre Technik zu analysieren und sie einem Laien zu erklären.

Das ist nicht allzu überraschend. Vieles von dem, was ein Sportler tut, beruht weitgehend auf Instinkt, Intuition und Talent. Die diesen Faktoren zugrunde liegenden Handlungen sind nun einmal schwer in Worte zu fassen.

So habe ich noch nie einen Golfspieler gesehen, der bessere Hooks als Arnold Palmer schlug. Aber wenn man Arnold fragte, wie er dabei vorging, sagte er: »Man schlägt eben einen Hook.« Dann ergriff er einen Schläger und führte den Schlag vor. Die Tatsache, daß er diese Kunst perfekt beherrschte, hieß noch lange nicht, daß er sie auch perfekt erklären konnte.

Am anderen Ende des Spektrums stehen die Golflehrer, deren Hooks meist unterdurchschnittlich sind, die dafür aber jedes Element dieser Technik analysieren und so gut erklären können, daß *Sie* bald einen Hook schlagen können. Sie beschreiben, welche aerodynamischen Gesetze wirksam sind, wenn der Schläger auf den Ball trifft und diesem eine Drehung versetzt, die ihn von rechts nach links fliegen läßt. Sie verwenden eine lebhafte Sprache, ziehen viele bildhafte Vergleiche und wiederholen ihre Lektionen so lange, bis Sie sie gelernt haben. Der Fairneß halber will ich hinzufügen, daß Arnold Palmer die technischen Merkmale eines Hooks sicherlich kennt, aber einfach nicht die Geduld hat, sie unzählige Male zu erklären. Jedenfalls bedeutet die Tatsache, daß ein Golflehrer den Schlag selbst nicht perfekt ausführen kann, keineswegs, daß er ihn nicht perfekt erklären kann.

Im Sport ist es einfach so: Wer die Sportart beherrscht, übt sie aus. Wer sie nicht beherrscht, unterrichtet sie eben.

Im Geschäftsleben kann man sich den Luxus dieser Trennung nicht leisten. Manager müssen ihre Arbeit tun *und* sie anderen erklären. Starverkäufer, blendende Verhandlungsführer oder geniale Controller können ihr Unternehmen stärken, indem sie ihr Wissen an die Mitarbeiter weitergeben. Leider nehmen zu wenige Manager die Kunst des Erklärens ernst. Sie sind zu beschäftigt mit ihrer Arbeit, um sie noch anderen zu erklären.

Ich halte das für einen großen Fehler. Wenn ich mir fünf Minuten Zeit nehme, um eine Aufgabe richtig zu erklären, spare ich damit 500 Minuten, weil ich mich danach nicht mehr darum kümmern muß. Ein Weiser sagte einmal: »Gib einem Mann einen Fisch, und er wird für einen Tag satt. Zeige ihm, wie man angelt, und er wird für den Rest seines Lebens satt.«

Wenn es um Erklärungen geht, bin ich eher aktiv als reaktiv. Ich warte nicht, bis man mich fragt: »Wie gewinnen Sie neue Klienten?« oder »Wie gehen Sie mit schwierigen Kollegen um?« Denn dann könnte es zu spät sein. Meist fragt man nämlich erst dann, wenn die Probleme schon entstanden sind. Ich biete meinen Mitarbeitern dagegen viele Erklärungen an, bevor sie überhaupt wissen, daß sie sie brauchen.

In der Tat entstand mein erstes Buch *Was Sie an der Harvard Business School nicht lernen* aus einer Reihe von Vorträgen, die ich unseren Mitarbeitern in den siebziger Jahren hielt. Wir waren damals ein kleines, aber expandierendes Unternehmen in einer Branche, deren Spielregeln wir erst noch entwickeln mußten. Ich wollte, daß unsere Mitarbeiter diese Regeln stets kannten. Also rief ich sie gelegentlich zusammen und hielt einen Kurzvortrag über verschiedenste Themen, etwa »Wann ist die günstigste Zeit für Vertragsnachverhandlungen?« oder »Wie schreibt man Vertragsnotizen, die unsere Anwälte verstehen?«

Alte Gewohnheiten sind zäh. Während ich dies schreibe, absolvieren einige Dutzend unserer Juniormanager in Cleveland einen dreitägigen Auffrischungskurs im Kundenmanagement. Wir glauben, daß der Londoner Berater eines jungen Violintalents vom Agenten eines Tennisasses in Cleveland viel lernen kann – und umgekehrt. Außerdem halte ich es für sehr sinnvoll, unser »Firmenerbe« an neue Mitarbeiter weiterzugeben.

Niemand hat den Kurs gefordert. Aber ich hielt ihn für dringend notwendig, als ich feststellte, daß viele neue Mitarbeiter einige Aspekte des Kundenmanagements nicht berücksichtigten, die meiner Meinung nach elementar waren. Die Hauptregel im Zusammenhang mit dem Erklären lautet: Je selbstverständlicher ein Konzept für Sie ist, desto größer ist der Bedarf an Erklärungen.

Beim Erklären besteht immer die Gefahr, daß der Erklärende entweder zuwenig oder zuviel ausführt, weil er sich mehr auf das Thema als auf das Publikum konzentriert.

Diese Beobachtung mache ich auch in unserem Unternehmen. Einer unserer Manager redet mit mir wie mit einem 22jährigen Collegeabsolventen. Wenn er mir eine Idee beschreibt, beleuchtet er sie aus jeder Perspektive und reichert sie mit zahllosen Häppchen seines enzyklopädischen Wissens aus der Welt des Sports an. Eine solche ausführliche Lektion mag vielleicht angemessen sein, wenn er mit einem neuen Mitarbeiter spricht. Aber er ist so in sein Thema vertieft und hört vielleicht auch den Klang seiner Stimme so gerne, daß er völlig vergißt, daß ich keine Anfängerlektionen in Sachen Sportmarketing benötige. Mit kurzen Stichworten käme er bei mir viel weiter.

Sie sollten also das Auffassungsvermögen und den Erfahrungshintergrund derjenigen Personen, denen Sie etwas erklären, stets berücksichtigen. Sie müssen wissen, welche Dinge Sie *nicht* zu sagen brauchen. Bei manchen Menschen weiß ich, daß ein Versuch ausreicht, um ihnen etwas richtig zu erklären, während ich dieselbe Sache bei anderen mindestens unter acht verschiedenen Perspektiven beschreiben muß.

Vor einem Verkaufsgespräch beispielsweise könnte ich den meisten unserer Topmanager sagen: »Denken Sie daran, zuerst die

Gegenseite ihr Angebot nennen zu lassen.« Sie würden genau verstehen, was ich meine, weil ich es ihnen schon oft genug erklärt habe.

Schicke ich jedoch einen jüngeren Manager mit derselben Anweisung zum Kunden, würde er sie vermutlich beachten, ohne ihren Sinn genau zu verstehen. Deshalb muß ich meine Anweisung ausführlich erklären, anhand von Beispielen illustrieren, wie es in früheren Fällen funktioniert hat, und eine Schritt-für-Schritt-Anleitung geben, damit es auch diesmal klappt.

Wenn es eine Kunst des Erklärens gibt, dann liegt sie darin, zu wissen, mit wem man es zu tun hat. Wenn Sie Ihre Zuhörer kennen, wissen Sie, welche Details wichtig oder überflüssig sind.

Ich selbst mußte diese Erfahrung machen, als ich im Rahmen eines privaten Dinners in Stockholm zum ersten Mal den schwedischen König traf. Auf der Einladung stand 18.30 Uhr. Kurz vor 18.30 Uhr wurde ich im Hotelzimmer noch durch ein Telefongespräch aufgehalten. Da ich annahm, daß man bei meinem Gastgeber zuerst in aller Ruhe einen Drink einnehmen würde, machte ich mir keine Gedanken wegen der Verspätung. Ich traf kurz vor neunzehn Uhr ein – und hatte einen peinlichen Faux Pas begangen. Der König war schon da. Das Protokoll lautet jedoch: Niemand trifft nach dem König ein!

Aber das hätte mir jemand sagen müssen! Vielleicht hatten die Gastgeber angenommen, daß ich des öfteren mit königlichen Hoheiten dinierte. Aber es war nun mal mein erster König. Angeblich macht dieser immer noch seine Späße darüber. Dabei hätte der schlichte Satz ausgereicht: »Bitte verspäten Sie sich nicht.«

Benchmarking bei Mitarbeitern

In der Einleitung dieses Buches habe ich Ihnen versprochen, Sie nicht mit Modewörtern zu belästigen. Aber mein Lieblingswort aus all den Managementtrends will ich Ihnen nicht vorenthalten, nämlich »Benchmarking«. Beim Benchmarking identifiziert ein

Unternehmen die besten Produkte und Methoden der jeweiligen Branche und vergleicht dann die eigenen Leistungen damit. Dieser Prozeß läuft in drei Schritten ab: Zuerst identifiziert man die Besten einer Branche. Dann analysiert man, warum sie die Besten sind. Schließlich werden die eigenen Leistungsstandards geändert, indem man diese »Benchmarks« kopiert.

In der Automobilbranche ist das Benchmarking sehr verbreitet. Wenn die Ingenieure von General Motors ein Toyota-Modell für das beste seiner Klasse halten, kaufen sie einen Toyota und bauen ihn auseinander, um herauszufinden, warum Toyota überlegen ist. Sie listen die Innovationen von Toyota auf, die sie für wichtig halten, und überlegen, wie sie dieselbe Qualität erreichen können.

Es ist nicht schwer zu erkennen, warum das Benchmarking so verlockend ist. Wie könnte man ein Konzept ablehnen, das Unternehmen zwingt, ihre Qualitätsstandards ständig zu erhöhen?

Ein wenig problematisch wird das Benchmarking allerdings, wenn man es auf Menschen anwendet. Es ist nicht weiter schwierig, ein technisches Gerät wie ein Auto oder einen Computer zu analysieren. Anders sieht es aus, wenn es um Menschen geht. Sie können nicht einfach Ihre Spitzenleute in ein Labor schicken, ihre wertvollsten Eigenschaften analysieren lassen und diese Merkmale dann den übrigen Mitarbeitern diktieren.

Die erste Hürde für das Benchmarking beim Personal besteht darin, die Mitarbeiter zum Eingeständnis zu bewegen, daß ein anderer vielleicht bessere Arbeit leistet. Wenn Sie Autos bauen, kann man leicht nachprüfen, ob Ihre Autos die Kriterien einer Vergleichskategorie erfüllen. Der Benzinverbrauch ist schwarz auf weiß nachlesbar. Selbst eine flüchtige manuelle und visuelle Prüfung des Lacks oder der Handhabung der Türen ergibt schon, ob Ihr Auto noch verbessert werden kann.

Im Personalbereich ist das viel komplizierter. Die Mitarbeiter reagieren in der Regel nicht besonders positiv, wenn sie einen Topverkäufer oder den beliebtesten Manager mit den Worten präsentiert bekommen: »Werdet so wie sie!« Dabei steht ihnen ihr Ego im Weg. Zum einen räumen sie ihre Fehler und Schwächen so ungern ein, wie sie die Erfolge der anderen anerkennen werden, zum anderen wird ihnen die implizite Kritik, die in der Aufforderung enthalten ist, nicht gefallen.

Vielversprechender ist es da, mit Lob zu arbeiten. Jeder Mensch verspürt den Wunsch, gelobt zu werden, wenn er sieht, wie ein anderer damit überhäuft wird.

Mein Freund Gordon Forbes, ein erfolgreicher südafrikanischer Unternehmer und Gründer des größten Beleuchtungsunternehmens der südlichen Hemisphäre, erzählte mir einmal, wie er in den Anfangsjahren der Firma regelmäßig durch alle Abteilungen ging.

Am Anfang regte er sich unweigerlich auf, sobald er einen Mitarbeiter etwas falsch machen sah. Wenn ein Entwickler beispielsweise eine Glühbirne an der falschen Stelle einplante, bekam er zu hören: »Was denken Sie sich nur dabei? Das müssen Sie so machen.« Und dann zeigte Forbes es ihm. Den Mitarbeitern zu zeigen, wie sie ihre Anforderungen erfüllen können, zeugt grundsätzlich von gutem Management.

Aber Forbes bemerkte bald, daß er einen Fehler beging, wenn er seine Mitarbeiter vor ihren Kollegen kritisierte. Statt nun bei seinen Rundgängen auf Fehler zu lauern, fing er an, Beispiele für exzellente Arbeit zu suchen. Forbes meinte: »Suchen Sie nicht das Schlimmste in Ihrem Unternehmen und kritisieren es. Suchen Sie das Beste und loben Sie es dann.«

Auf dieses Prinzip läßt sich das Benchmarking im Personalbereich im wesentlichen reduzieren. Es kann in einem Unternehmen in vielerlei Form umgesetzt werden.

Vor einigen Jahren schloß der Chef unseres Hamburger Büros einen »außergewöhnlichen« Deal mit einem deutschen Hotel ab, um meinen monatlichen Nachrichtenbrief *Success Secrets* an dessen wichtigste Gäste zu verteilen. Der finanzielle Aspekt des Geschäfts spielte nur eine untergeordnete Rolle. Mit einem halbstündigen Vortrag verdiente ich mehr. Aber der Geschäftsabschluß war deshalb »außerordentlich«, weil er von Phantasie und Eigeninitiative zeugte. Noch wichtiger war, daß die Idee sich auf Hotels in mindestens 50 anderen Städten, in denen wir Büros unterhalten, übertragen ließ. Dann waren die potentiellen Gewinne schon viel beachtlicher. Unser Mann in Hamburg hatte eine neue Einnahmequelle erschlossen.

Nun gab es verschiedene Möglichkeiten, diese Leistung den anderen Managern zum »Benchmarking« zu präsentieren. Ich hätte ein Memo an die Chefs unserer verschiedenen Büros schikken können, in dem es hieß: »Seht her, was unser Mann in Hamburg getan hat. Warum tut ihr das nicht auch?« Ich hätte ihnen die Idee des Bürochefs auch vorschlagen können, ohne ihn namentlich zu erwähnen.

Schließlich erinnerte ich mich an den Rat von Gordon Forbes und entschied mich für das Lob. Ich schickte unserem Hamburger Manager einen Glückwunschbrief und gratulierte ihm, daß er ein »Super-Verkäufer« sei. Natürlich sorgte ich dafür, daß alle anderen Niederlassungsleiter weltweit ebenfalls eine Kopie dieses Schreibens erhielten.

Das ist das Schöne am Benchmarking durch Lob. Sie müssen Ihre Mitarbeiter nicht immer hetzen oder drängen, um die Qualität ihrer Arbeit zu verbessern. Loben Sie einfach diejenigen, die hohe Standards setzen. Diese Botschaft wird klar und deutlich bei allen ankommen, die sie betrifft.

Vorsicht vor öffentlicher Kritik

Im vorangegangenen Band dieser Reihe, *Schule des Managements*, habe ich ausführlich beschrieben, wie positiv es ist, andere in der Öffentlichkeit zu loben. Ein guter Manager sollte nicht zögern, all das Gute, was er im privaten Kreis über einen Kollegen sagt, auch in die Öffentlichkeit zu tragen. Wenn Sie einen Mitarbeiter vor allen seinen Kollegen loben, präsentieren Sie sich nicht nur als großzügigen Chef und sichern sich die Loyalität dieses Mitarbeiters. Auch seine Kollegen werden sich das Ereignis merken.

Aber die Lage ändert sich schlagartig, wenn es darum geht, einen Mitarbeiter in der Öffentlichkeit zu *kritisieren*. Es gibt sicher immer wieder Situationen, in denen Sie nichts lieber täten, als einem Mitarbeiter in großer Runde einen richtigen Dämpfer zu versetzen.

Überlegen Sie sich das vorher genau.

Vor Jahren wurde ich einmal Zeuge, wie ein wichtiger Sportfunktionär einen Mitarbeiter auf ziemlich ruppige Weise tadelte. Der Mitarbeiter bewies Rückgrat, indem er sagte: »Sie können mich bei einem Dritten kritisieren. Sie können mich direkt kritisieren. Aber Sie sollten mich nicht direkt in Gegenwart eines Dritten kritisieren.«

Daran wird das Risiko deutlich, das Sie eingehen, wenn Sie andere in der Öffentlichkeit kritisieren. Sie können ihre Reaktion nicht vorhersagen. Und je mehr Zeugen anwesend sind, desto unberechenbarer ist die Reaktion.

Wenn sie nicht absolut sicher sind, daß Sie mit einer öffentlichen Kritik den gewünschten Effekt erzielen, sollten Sie sich Ihre Kommentare für ein Gespräch unter vier Augen aufheben. Dann sind Sie zumindest sicher, daß Ihr Gegenüber Ihnen zuhört, anstatt sich den Kopf darüber zu zerbrechen, was nun die anderen von ihm denken.

Wozu bewahren Sie Akten auf?

Wer mit mir zusammenarbeitet, bemerkt schnell, daß Dokumente und Akten für mich eine wichtige Rolle spielen. Mit anderen Worten: Ich horte sie. Ich bewahre alles auf. Ich besitze Briefe, Verträge, Aktennotizen, Besprechungsprotokolle und Dankesbriefe, die noch aus der Anfangszeit unseres Unternehmens datieren.

Diese Angewohnheit teile ich sicher mit vielen anderen Menschen. Bestimmt gibt es viele Manager, die ihre Unterlagen ebenso ungern wie ich in den Reißwolf geben. Aber ich wundere mich immer wieder darüber, daß sie nie etwas Sinnvolles mit ihren gehorteten Schätzen anfangen. Sie blättern sie niemals durch, nutzen die darin enthaltenen Informationen nicht und lassen andere nicht einmal wissen, daß es sie gibt.

Am erstaunlichsten sind natürlich diejenigen, die ihre Aktenberge alle drei bis vier Jahre entsorgen, weil sie »keinen Platz mehr dafür haben«. Warum bewahren sie die Dokumente dann überhaupt auf, wenn sie sie später ohnehin wegwerfen? Woher wissen sie, daß sie nicht wichtig sind, wenn sie nie darin lesen?

Meiner Meinung nach lassen diese Menschen eines der großartigsten Werkzeuge im Arsenal eines Managers ungenutzt liegen. Die Akten eines Managers bergen eine enorme Macht – man muß sie nur zu nutzen wissen.

Der größte Vorteil, den die Akten der Vergangenheit bieten, ist natürlich der Schutz vor ungerechtfertigten Vorwürfen. Dies trifft besonders in einer Branche wie der unseren zu, in der persönliche Dienst- und Beratungsleistungen erbracht werden. Viele unserer Klienten haben die entnervende Angewohnheit, all die Mühen schnell zu vergessen, die wir für sie aufgewandt haben.

Dies ist einer der Gründe, warum ich unsere Kundenmanager dazu anhalte, sogenannte »Verdienstakten« zu führen. Sie bewahren jede Unterlage über jede Leistung, die wir für den Kunden erbracht haben, auf. Dazu gehören nicht nur die Geschäfte, die sie für sie einfädelten, sondern auch die peripheren und freiwilligen Leistungen, etwa die Karten für das Barbara-Streisand-Konzert für die Eltern, das Gratisappartment für den Urlaub am Mittelmeer etc. Eine solche Akte erweist sich als sehr wertvoll, wenn wir beispielsweise den Beratungsvertrag mit unserem Klienten verlängern. Wenn er behauptet, daß wir ihm nicht genug Geld eingebracht haben, legen wir ihm die elf unterschriftsreifen lukrativen Angebote vor, die er aber ablehnte. Wir können auch die Unterlagen über die kleinen Annehmlichkeiten herausholen, die wir ihm im Lauf des Jahres ermöglicht haben, als Erinnerung daran, wieviel leichter sein Leben durch uns geworden ist.

Wie ich schon sagte, Klienten haben ein höchst selektives Gedächtnis. Eine »Verdienstakte« ist eine großartige Möglichkeit, diese Schwäche auszugleichen und eine stabile Beziehung aufzubauen.

Viele Akten enthalten auch Dokumente, auf deren Basis sich ein Manager den Satz »Das habe ich Ihnen gleich gesagt« leisten kann. Dieser Satz ist bisweilen sehr angebracht.

Zu meinen wichtigsten Führungsinstrumenten gehört eine

Sammlung von »Gesprächsakten«. Ich führe über jeden der etwa 70 Manager unseres Unternehmens, mit denen ich regelmäßig zu tun habe, eine Akte. In diese »Gesprächsakte« werden sämtliche Dokumente aufgenommen, auf die ich mich in meinem nächsten Gespräch vielleicht beziehen möchte – Briefe an den oder von dem betreffenden Manager, Aktennotizen an mich mit dem Versprechen, bestimmte Maßnahmen durchzuführen, Zeitungsausschnitte usw. Ich entferne Unterlagen erst dann, wenn die Angelegenheit definitiv erledigt ist. Es ist nicht ungewöhnlich, daß ich eine »Gesprächsakte« durchblättere und Briefe finde, die zwei Jahrzehnte alt sind, aber meiner Meinung nach noch relevant sein könnten.

So setzte sich einer unserer Manager einmal nachdrücklich dafür ein, den Kontakt zu einem großen Medienunternehmen zu suchen. Als ich die »Gesprächsakte« dieses Managers durchblätterte, amüsierte es mich, drei Memos über dieses Unternehmen zu finden, die ich ihm schon in den achtziger Jahren geschickt hatte. Die Aktennotiz von 1982 war ein Einzeiler, der an einen *Forbes*-Artikel über dieses aufstrebende Unternehmen geheftet war: »Sind wir mit diesen Leuten im Gespräch?« Aus dem Jahr 1986 stammte eine zweite Aktennotiz samt Zeitschriftenartikel über den CEO dieses Unternehmens. Darin fragte ich, wie wir uns ihm gegenüber verhalten sollten. Die dritte Aktennotiz schließlich aus dem Jahr 1987 war ebenfalls an einen Artikel geheftet, und ich fragte darin, nun schon etwas nachdrücklicher: »Werden wir zur Stelle sein, wenn dieses Unternehmen anfängt, TV-Sportprogramme zu kaufen?«

In einem passenden Augenblick, wahrscheinlich beim nächsten Mal, wenn dieser Manager mich zu einem Treffen mit dem CEO drängt, werde ich diese Aktennotizen hervorholen. Natürlich steckt in dieser Geste auch der Satz: »Das habe ich Ihnen doch schon lange gesagt.« Trotzdem versuche ich nicht, ihm das unter die Nase zu reiben. Mein eigentliches Ziel lautet immer, Management nach Maßgabe des gesunden Menschenverstandes zu betreiben. Ich möchte ein Ausrufezeichen unter meine geschäftlichen Anweisungen gesetzt sehen. Wenn ich den Manager beim nächsten Mal um etwas bitte, möchte ich nicht zwölf Jahre warten, bis er darauf eingeht. Ich möchte, daß er meinen Instinkten traut und meine Vorschläge sofort aufgreift. Ich glaube, daß diese drei »vergessenen« Aktennotizen ihm wie nur wenige andere Führungstechniken verdeutlichen, was ich meine, und zwar schnell, schmerzlos und freundlich.

Wenn Sie alte Aktennotizen aus dem Ärmel schütteln können, hat dies auch einige positive Nebeneffekte. Sie demonstrieren beispielsweise Ihre Sorgfalt, indem Sie ein zwölf Jahre altes Dokument herumreichen. Sie stellen Ihr gutes Gedächtnis, Ihre Umsicht und die Tatsache, daß Ihnen kaum etwas entgeht, unter Beweis. Zwar mögen Ihre Mitarbeiter unterschiedlich auf ein solches Manöver reagieren – manche sind beeindruckt, andere ärgerlich, wieder anderen ist es peinlich. Aber es schadet bestimmt nicht, wenn Mitarbeiter ab und zu von ihrem Chef überrascht werden.

Ich kenne keine einfachere Methode, um dies zu erreichen, als die in den Akten verborgene Macht zu nutzen.

Stoßen Sie andere Menschen unbewußt vor den Kopf?

Einer unserer Manager bereitete mich einmal auf ein Treffen mit einem Entscheidungsträger vor, den ich besuchen wollte. Er beschrieb ihn als »unausgeglichene Persönlichkeit«.

»Ich weiß nicht genau, woran es liegt«, sagte unser Manager, »aber irgendwie stößt er jeden vor den Kopf.«

Noch vor Ende des Gesprächs wußte ich, was unser Manager gemeint hatte. Mein Gesprächspartner verfügte über alle Eigenschaften, mit denen man es weit bringen kann. Er war klug und redegewandt. Er besaß ein ansprechendes Äußeres. Er hatte die besten Schulen und Universitäten besucht, wohnte in der schönsten Straße einer der exklusivsten Vorstädte, war Mitglied in den »richtigen« Clubs und zögerte nicht, einen wissen zu lassen, welche einflußreichen Freunde er hatte. Ich nehme an, daß genau das der Knackpunkt war: Nachdem wir uns kaum eine halbe Stunde kannten, hatte er dafür gesorgt, daß ich all diese Dinge wußte.

Dieser Mann strahlte eine selbstgefällige Zufriedenheit aus. Wenn er es nicht lernte, seine unablässige Selbstbeweihräucherung zu kontrollieren, brachte er es im Leben vielleicht doch nicht so weit, wie er erwartete.

Ich glaube, daß jeder von uns mindestens ein paar persönliche Schwächen hat, die bei anderen Menschen falsch ankommen. Sie rücken uns in ein schlechteres Bild und könnten unserer Karriere schaden.

So habe ich es mir zur Regel gemacht, Berufsleben und Privatleben konsequent zu trennen. (Siehe auch S. 110ff.: »Wenn Angelegenheiten nur Sie und sonst niemanden etwas angehen«). Ich veranstalte nach Büroschluß keine Trinkgelage mit Mitarbeitern – hauptsächlich deshalb, weil man nicht abends mit jemandem trinken und ihm am nächsten Morgen eine Abfuhr erteilen kann, wenn er um eine Gehaltserhöhung bittet. Ich bin sicher, daß ich dadurch zu distanziert erscheine. Vielleicht hat es mich im Lauf der Jahre sogar die Loyalität einiger Mitarbeiter gekostet.

Das Gute daran ist jedoch, daß ich mir dieser Verhaltensweise bewußt bin. Ich habe vor langer Zeit beschlossen, diese beiden Bereiche zu trennen, und die Vorteile haben die Nachteile überwogen.

Viele Menschen haben leider keine Ahnung, wie sie auf andere wirken, oder, noch schlimmer, sie sind blind für die Folgen ihrer kleinen Schwächen.

Fragen Sie sich deshalb einmal, ob die folgenden Marotten auf Sie zutreffen und ob Sie dafür vielleicht einen höheren Preis zahlen, als Sie möchten.

1. Sind Sie grundsätzlich ›total beschäftigt‹?

Manche Menschen können nicht anders, als Sie ständig wissen zu lassen, wie beschäftigt sie sind. Sie haben immer einen Stapel von Notizen über Telefonanrufe sowie einen Stapel von Dokumenten, die sie unbedingt lesen müssen, auf dem Schreibtisch liegen. Sie flitzen stets an Ihnen vorbei, weil sie in eine Besprechung hetzen oder auf dem Sprung zum Flughafen sind. Wenn Sie etwas von ihnen wollen, versprechen sie, sich sehr bald ein wenig Zeit für Sie zu nehmen – und tun es dann nie.

Für mich ist es ziemlich irrelevant, wie beschäftigt jemand ist. Wer es nicht schafft, sich für diejenigen, die ihn brauchen, Zeit zu nehmen, ist auch nicht wirklich beschäftigt, sondern höchstens desorganisiert. Wer gar kein Interesse daran hat, sich für andere Zeit zu nehmen, wird auch bald in Ruhe gelassen. Aber er hat dann wertvolle Verbündete verloren. Und wofür? Um an einer weiteren Besprechung teilzunehmen, noch ein Flugzeug zu erwischen, noch einen Anruf zu beantworten, noch eine Aktennotiz in die Tastatur zu hämmern?

2. Bitten Sie um Rat, ohne ihn zu befolgen?

Diese Schwäche ist die Kehrseite der Angewohnheit, den Vielbeschäftigten zu spielen. Wenn Sie jemanden um Rat fragen, ihn aber regelmäßig nicht befolgen, haben Sie die Zeit der Ratgebenden vergeudet. Auf Dauer verscherzen Sie sich damit völlig unnötig Sympathien.

3. Sind Sie Jekyll oder Hyde?

Manche Menschen sind stolz darauf, daß sie in ihrer Arbeit rasante Spurts hinlegen können, wenn sie sich gerade danach fühlen. Dies sind die Jekyll-and-Hyde-Typen, bei denen sich emotionale Hochs und Tiefs abwechseln. Das Problem ist natürlich, daß das für die Kollegen sehr verwirrend ist. Sie wissen nie, womit sie zu rechnen haben. Und meist lohnt es sich gar nicht, es herauszufinden. Niemand möchte absolut berechenbar sein, aber es spricht auch einiges dafür, ein konsistentes Verhalten an den Tag zu legen und mit solidem Urteilsvermögen auf die alltäglichen Krisen zu reagieren, die es in jedem Unternehmen gibt. Damit gelten Sie als zuverlässig. Und wenn Sie nicht zuverlässig sind, dann gilt das Gegenteil – denn ein bißchen zuverlässig gibt es nicht.

4. Streiten Sie zuviel?

Eine gewisse Streitlust ist sinnvoll, wenn Sie Anwalt sind oder viele Verhandlungen führen. Sie werden großzügig dafür bezahlt, daß Sie Streitigkeiten aus der Welt schaffen. Aber niemand hat es gerne mit streitlustigen Menschen zu tun, wenn es keinen Grund dafür gibt. Wenn Sie feststellen, daß Sie mit jedem, der durch Ihre Tür kommt, eine Auseinandersetzung beginnen, sollten Sie die Tür so lange schließen, bis Sie sich geändert haben.

5. Sind Sie nervös und unruhig?

Manche Menschen verfügen über viel nervöse Energie. Sie können nicht ruhig sitzen. Sie streifen durch das Büro und machen sich unbeliebt, weil sie andere immer zum falschen Zeitpunkt belästigen. Menschen mit zu viel nervöser Energie stecken ihre Kollegen aber keineswegs mit ihrer Energie an, sondern gehen ihnen einfach nur auf die Nerven.

6. Muß alles Ihre Handschrift tragen?

Eine sehr bekannte Fernsehmoderatorin sagte einmal, daß sie keinen Wert darauf lege, jeder Sendung, in der sie mitarbeitete, ihren Stempel aufzudrücken. Das heißt, daß sie sich nicht in jedem Aspekt der Show in den Vordergrund spielen mußte. Sie nutzte ihre Macht nicht dazu, die Produzenten, Drehbuchschreiber und Regisseure zu dominieren. Diese Art der Zurückhaltung ist selten und bewundernswert.

Zu viele Menschen glauben, daß sie die Macht, die sie in einem Unternehmen haben, auch demonstrieren müßten – in jeder Situation.

Vor einigen Jahren bat ich einen unserer Topmanager, bei einem Projekt auszuhelfen. Aufgrund seiner Position oder auch aufgrund seiner starken Persönlichkeit hatte er das Projekt bald ganz übernommen. Leider dominierte er es so, daß nichts mehr übrigblieb. Die anderen Mitarbeiter verloren nämlich ihre Begeisterung, als sie sahen, daß er überall seine Spuren hinterließ. Sie wandten sich zuerst von ihm und dann vom Projekt ab. Letztlich war er der Verlierer. Die Mitarbeiter hätten ihn weit mehr respektiert, wenn er eine unterstützende Rolle gespielt hätte, anstatt seine Privilegien auszuüben.

Der richtige Weg, um eine unterstützende Rolle zu spielen

Zu den Stärken unseres Unternehmens gehört es meiner Meinung nach, daß unsere Mitarbeiter sich selten mit den Sportlern verwechseln, die sie betreuen. Wir wissen, daß unsere Rolle zwar wichtig ist, aber trotz allem eine unterstützende Funktion hat. Die Klienten sind draußen auf dem Spielfeld und versuchen, erfolgreich zu sein. Unsere Aufgabe ist es, die Früchte dieses Erfolgs zu verwalten.

Ich erinnere mich an eine schauderhafte Gelegenheit, als zwei unserer erfahreneren Mitarbeiter vergaßen, ihre unterstützende Rolle zu spielen.

Eine Managerin in einer großen Werbeagentur hatte uns eingeladen, ihrem wichtigsten Kunden, einem Computerhersteller aus Boston, die Vorteile des Sportmarketing zu erklären.

Das Meeting hatte schon einen schlechten Start, als unsere Manager einer überlangen Limousine entstiegen. Ich persönlich habe nichts gegen Limousinen. Wenn man in Zeitnot ist, sind sie oft die kosteneffizienteste und praktischste Art und Weise der Fortbewegung. Aber offensichtlich sahen die Werbemanagerin und ihr Klient das anders. Sie fanden die Limousine zu protzig und sahen darin ein schlechtes Zeichen für den Umgang mit unseren Ressourcen.

Als Bestandteil der Kommunikation – also als Signal, mit dem eine Botschaft ausgesandt wurde – machte die Limousine einen ersten schlechten Eindruck. Unsere Manager hätten es besser wissen müssen.

Aber es sollte noch schlimmer kommen. Kaum hatten sich alle gesetzt, übernahmen unsere Manager das Ruder. Sie waren fest entschlossen, den Computerhersteller davon zu überzeugen, daß wir die Profis im Sportmarketing waren. Ihre Präsentation war überzeugend, und der Computerhersteller zeigte sich beeindruckt.

Leider spielte das alles langfristig keine Rolle, denn die Werbemanagerin, die das Treffen arrangiert hatte, fühlte sich ausgeschlossen. Unsere Manager hatten das Meeting so gründlich dominiert, daß sie der Gastgeberin kaum Beachtung schenkten. Wir hatten vergessen, unsere unterstützende Rolle zu spielen, und uns damit eine Feindin fürs Leben geschaffen. Unser Unternehmen ist weder mit dem Computerhersteller noch mit der Werbeagentur ins Geschäft gekommen – und heute weiß ich recht genau, warum.

Ich erinnere mich auch an eine andere Situation, die für uns einen günstigeren Ausgang nahm. Die Berater eines bekannten Sportlers traten an uns mit der Bitte heran, seine kommerziellen Endorsements zu übernehmen. Der Sportler beschäftigte schon ein Team von Beratern – einen für seine juristischen Angelegenheiten, einen anderen zur Überwachung seiner Tagesgeschäfte und einen weiteren für das Management seiner Finanzen und Investitionen. Uns erschien das unnötig kompliziert, aber mit welchem Recht hätten wir dies kritisieren können? Schließlich war es dieses Beratertrio, das uns mit dem Sportler zusammengebracht hatte. Also fingen wir an, für ihn zu arbeiten.

Es dauerte nicht lange, und wir ahnten, daß der Finanzberater keine gute Arbeit leistete.

Normalerweise hätten wir den Sportler in einem solchen Fall gewarnt. Dies ist die korrekte Reaktion. Aber in diesem Fall wäre sie kontraproduktiv gewesen. Erstens ging es uns nichts an. Zweitens sollte man so keine Geschäftsleute behandeln, die einem wichtige Türen geöffnet haben. Drittens war die Wahrscheinlichkeit hoch, daß der Sportler sich hinter seinen Berater gestellt hätte, wenn wir diesen kritisiert hätten.

Statt dessen nahmen wir uns Zeit und hielten still. Immer wenn sich der Sportler unzufrieden mit seinem Finanzmanagement zeigte, stimmten wir ihm mehr oder weniger zu, ohne jedoch etwas Negatives zu sagen. Innerhalb eines Jahres kam er ganz alleine zur erwünschten Schlußfolgerung. Der Finanzberater wurde entlassen, und wir übernahmen seinen Verantwortungsbereich.

Wenn Sie von einem Dritten in eine Kundenbeziehung eingeführt werden, müssen Sie sehr sensibel sein. Egal wie geschickt Sie in der Fähigkeit zu kommunizieren sind, manchmal müssen Sie sich eben auf die Zunge beißen und sich zurückhalten. Es ist völlig inakzeptabel, diejenigen Menschen in ein schlechtes Licht zu setzen, die Ihnen gerade noch geholfen haben. Nur so sind Sie auch in der Lage, eine unterstützende Rolle zu spielen.

Kapitel 3
Alles beginnt mit der Wortwahl

Meine Lieblingsbegriffe

Einmal hörte ich, wie ein Psychologe und ausgewiesener Beziehungsexperte die Theorie vertrat, daß eine Frau alles, was sie über ihren zukünftigen Ehemann wissen müsse, bei einem Restaurantbesuch erfahren könne.

Der Psychologe meinte: »Sie braucht nur darauf zu achten, wie er die Kellnerin behandelt. Genauso wird er auch sie behandeln.«

Man kann bei vielen Gelegenheiten, bei denen man eigentlich gar nicht damit rechnet, Menschen näher kennenlernen. So habe ich das wahre Gesicht vieler Geschäftspartner erst auf dem Tennisplatz gesehen (wenn sie die Bälle auf der Linie immer für sich selbst werten, dann begünstigen sie sich im Zweifelsfall auch in einer Geschäftsverhandlung) oder auf dem Golfplatz (wenn ein Spieler seine Punktezahl zu großzügig berechnet, dürfte er sich auch bei der Abwicklung eines Geschäfts als erfindungsreich erweisen).

Auch am Arbeitsplatz habe ich mir schon entscheidende Urteile über andere Menschen gebildet. Ich habe beobachtet, wie sie mit meinen Sekretärinnen umgingen, ich habe mir gemerkt, wen sie als »Freunde« bezeichnen, ich habe darauf geachtet, wie gut sie ein Geheimnis für sich behalten können, oder ich habe getestet, wieviel Zeit sie benötigen, um auf eine Anfrage von ihrem *unwichtigsten* Kunden zu reagieren.

Als Manager habe ich Jahre damit verbracht, Menschen zu beobachten, ihr Verhalten in Streßsituationen zu beurteilen und nach Tendenzen und Mustern zu suchen, um ein faires Bild von ihnen zu gewinnen. Das ist sehr wichtig für mich. Es ist eine wesentliche Voraussetzung, um sich in einer Welt der schnellen Veränderungen zu behaupten.

Aber in all den Jahren, in denen ich mich um eine faire Beurteilung von Kollegen und Mitarbeitern bemüht habe, habe ich ein Kriterium völlig übersehen: *Wie kommunizieren sie schriftlich?* Dabei ist die schriftliche Kommunikation wahrscheinlich aufschlußreicher als jedes andere Kriterium.

Ich war fassungslos, daß ich dieses offensichtliche Kriterium nie berücksichtigt hatte, und wollte es zuerst einmal auf mich selbst anwenden. Ich analysierte meine Aktennotizen und Briefe der vergangenen Jahre und achtete dabei auf wiederkehrende Themen und Begriffe.

Dabei wurden einige Dinge bestätigt, die nicht neu für mich waren. Beispielsweise schrieb ich denjenigen Menschen am häufigsten, die im Privatleben wie im Berufsleben am wichtigsten für mich waren. Es bestand ein direkter Zusammenhang zwischen der Bedeutung eines einzelnen und der Häufigkeit meiner schriftlichen Kommunikation mit ihm. Das ist wenig verwunderlich und sollte eine Selbstverständlichkeit im Geschäftsleben sein. Trotzdem versäumen es viel zu viele Menschen, sich bei ihren wichtigsten Kunden und Geschäftspartnern häufig genug schriftlich in Erinnerung zu bringen.

Meine Analyse ergab außerdem, daß ich mich in Krisenzeiten sehr auf Aktennotizen und Briefe verließ. Immer dann, wenn die Zahl meiner Schreiben dramatisch anstieg, hatten wir gerade schwierige Herausforderungen im Unternehmen zu bestehen. Auch das ergibt Sinn. Wenn man in einer Krise steckt, möchte man sich eine möglichst breite Unterstützung sichern und dafür sorgen, daß alle auf demselben Kenntnisstand sind.

Aber die aufschlußreichste Lektion aus meinem Selbstversuch war folgende Liste mit Lieblingswörtern:

- Glaubwürdigkeit,
- schnelle Reaktion,
- weiterverfolgen,
- rechtzeitig,
- initiativ,
- Ausgaben,
- Gewinne,
- fair,
- aggressiv,
- außergewöhnlich,
- Chance.

Meiner Meinung nach ist das eine schmeichelhafte Liste, auch wenn ich mir nicht sicher bin, ob da jeder zustimmen würde. Jedes dieser Wörter enthüllt einen Aspekt meiner Persönlichkeit und gibt klare Hinweise auf meine Prioritäten als Geschäftsmann:

- *Glaubwürdigkeit*. Das ist der Berater in mir. Ich habe immer gegen das Image gekämpft, daß der Berater eines Spitzensportlers ein geschwätziger und windiger Bursche sei, der Goldkettchen und ein offenes Hemd trägt und morgen vielleicht schon wieder von der Bildfläche verschwunden ist. Mir war es immer wichtig, ein Image der Stabilität und der Glaubwürdigkeit zu vermitteln und deutlich zu machen, daß ich langfristig im Geschäft sein möchte.
- *Schnelle Reaktion*: Das ist der Rechtsanwalt in mir, der auf jedes I den noch fehlenden I-Punkt setzt und anstehende Themen sofort bespricht. Denn ich weiß, daß jede Nachlässigkeit sich unweigerlich rächen wird.
- *Weiter verfolgen*: Das ist der Verkäufer in mir, der weiß, daß man ein Geschäft selten beim ersten oder zweiten Versuch schon abschließt. Vielmehr muß man ständig am Ball bleiben.
- *Pünktlich*: Das ist der Effizienz-Experte in mir, der weiß, daß effektives Weiterverfolgen und schnelle Reaktionen sinnlos sind, wenn sie nicht mit Pünktlichkeit und klugem Timing kombiniert werden.
- *Initiativ*: Das ist der Vertriebsleiter in mir, der die Tatsache

akzeptiert, daß manche Verkäufer lediglich Befehlsempfänger sind. Aber für ein dauerhaftes Wachstum brauchen Sie Mitarbeiter mit Eigeninitiative, deren Einsatz und Erfindungsreichtum Sie angemessen belohnen.
- *Ausgaben*: Das ist der Manager in mir, der weiß, wie schnell die Kosten in einem expandierenden Unternehmen aus dem Ruder laufen können. Mein Ziel lautet, stets mehr Einnahmen als Ausgaben verbuchen zu können.
- *Gewinne*: Das ist der Unternehmer in mir, der sich weder schämt, Gewinne zu machen, noch sich davor fürchtet, hohe Beträge einzusetzen, um diese Gewinne zu erzielen.
- *Fair*: Auch dies ist ein Aspekt meiner Unternehmerpersönlichkeit, denn wenn ich selbst einen angemessenen Gewinn mache, gestehe ich dies auch der anderen Seite zu.
- *Aggressiv*: Dies ist der Konkurrent in mir, der mit harten Bandagen kämpft und gewinnen will.
- *Außergewöhnlich*: Das ist der Verkäufer in mir, der sich gelegentlich mit dem Lob unserer Produkte und Dienstleistungen überschlägt. Meiner Erfahrung zufolge reicht es nicht aus, an die eigenen Produkte nur zu glauben, sondern man muß überzeugt sein, daß es wirklich die besten auf dem Markt sind.
- *Chance*: Das ist der Risikobereite in mir. Ich bin Optimist und sehe Erfolgschancen, wo andere schon die Niederlage prophezeien. Gleichzeitig versuche ich, andere mit meiner Zuversicht anzustecken.

Wenn ich genügend Zeit hätte, könnte ich eine derartige Analyse auch mit den Aktennotizen und Briefen meiner Geschäftspartner durchführen. Auf jeden Fall könnte ich aus ihren besonders häufig verwendeten Begriffen wertvolle Rückschlüsse darauf ziehen, wie sie sich selbst und ihre Rolle als meine Geschäftspartner sehen.

Aber wichtiger ist die Erkenntnis, daß wir alle etwas lernen können, wenn wir unsere Gewohnheiten in der schriftlichen Kommunikation einmal überprüfen. Wir würden nicht nur herausfinden, ob wir unsere wichtigen Kunden und Geschäftspartner oft genug anschreiben. Wir könnten auch beurteilen, ob unsere Briefe tatsächlich widerspiegeln, wie wir andere sehen und – was noch wichtiger ist – wie wir uns selbst sehen.

Worte lügen nicht. Wenn Sie noch nicht innegehalten haben, um Ihre Lieblingsbegriffe herauszufinden, sollten Sie das jetzt tun.

Vier Aussagen, auf die ich gut verzichten könnte

Jeder Mensch hat in der alltäglichen Kommunikation bestimmte Angewohnheiten und Eigenheiten. Die meisten sind harmlos, oft sogar bedeutungslos. Wenn etwa ein Zuhörer nach einem recht langweiligen Vortrag »Wow!« sagt, ist dies aufgrund des inflationären Gebrauchs dieses Worts eine völlig nichtssagende Botschaft. Genausogut könnte er nicken und »Hm, hm« murmeln.

Manche Ticks sind einfach nur ärgerlich. So scheint mir, daß die Hälfte aller unter Dreißigjährigen heutzutage keine Frage mehr beantworten kann, ohne sie selbst noch einmal zu wiederholen. Damit verschafft sich ein Gesprächspartner Zeit, um seine Antwort zu formulieren, wenngleich ich bezweifle, daß er sich seines Ticks überhaupt bewußt ist. Denn dann würde er die irritierende Angewohnheit, Echo zu spielen, schleunigst aufgeben.

Manche Ticks sind aber auch sehr aufschlußreich. Ich kenne einen Manager, der seine halbherzigen Vorschläge gerne mit dem Satz: »Das ist eine sehr schöne Sache« abschließt. Es ist, als würde er erwarten, daß mich dieses Lob noch überzeugen könnte. Im Lauf der Zeit habe ich die Erfahrung gemacht, daß ich diesen Satz als Signal begreifen muß, um mich eingehender mit dem Projekt zu befassen. Wenn er selbst nicht an seine Idee glaubt, warum sollte ich es dann tun?

Manche verbalen Marotten sind jedoch schädlicher, vor allem dann, wenn sie gezielt eingesetzt werden. Dann verwandelt sich ein harmloser Tick in eine sprachliche Untugend, auf die ich sehr wohl verzichten könnte. Hüten Sie sich vor den folgenden Wendungen:

1. »Um ganz ehrlich zu sein ...«

Dieses dürfte der am meisten mißbrauchte Satz am Arbeitsplatz sein. Was mich daran so stört, ist nicht einmal die Implikation, daß alle vorangegangenen Bemerkungen eben nicht ehrlich waren. Daran glaube ich gar nicht. Wer diesen Satz ausspricht, ist kein Lügner. Aber er gibt sich als Mensch zu erkennen, der seine Sätze nachlässig und ungenau formuliert. Immer dann, wenn er ansetzt: »Um ganz ehrlich zu sein ...«, gibt er eigentlich zu erkennen, daß er nun zum erstenmal im Gespräch aufrichtig, aufmerksam und präzise ist und seine bisherigen Beiträge folglich in Zweifel gezogen werden können.

Ich weiß natürlich, daß viele Menschen diese Wendung gebrauchen, ohne sich etwas dabei zu denken. Aber kann man daraus nicht den Schluß ziehen, daß sie sich bei ihren anderen Aussagen auch nicht viel denken?

2. »Eigentlich dürfte ich Ihnen das ja gar nicht sagen ...«

Gut, dann lassen Sie es bleiben.

An diesem Satz beunruhigt mich weniger die Indiskretion des Sprechers (dafür gibt es oft genug legitime Gründe), sondern vielmehr die Tatsache, daß er diese Indiskretion herausposaunt. Mit dem Eingeständnis, daß man etwas Falsches tut, verschafft man sich noch längst keinen Freibrief dafür, es trotzdem zu tun.

Wäre es in einem solchen Fall nicht besser, Ihr Gegenüber lediglich darauf hinzuweisen, daß das gemeinsame Geheimnis »unter uns« bleiben solle? Damit hätten Sie deutlich gemacht, daß Sie mit jemandem ein Geheimnis teilen, ohne darauf hinzuweisen, daß Sie das Geheimnis eines anderen brechen.

3. »Tatsache ist doch, daß ...«

Wer diese Wendung gebraucht, könnte ebensogut ein Schild mit der Aufschrift: »Achtung! Es folgt eine Lektion!« hochhalten. Er

wischt damit alles vom Tisch, was Sie bisher gesagt haben, und will
Sie darauf einstimmen, nun die eigentlich richtige Sichtweise zu
akzeptieren, oder das, was er dafür hält.

Manchmal sind die Ausführungen, die auf diesen Satz folgen,
tatsächlich berechtigt. Manchmal gehen sie auch völlig ins Leere.
Aber entscheidend ist, daß diesen Satz niemand gerne hört.

Ein geschickter Rhetoriker, der diese Wendung höchstens einmal in einem Meeting verwendet, kann damit vielleicht eine grandiose Wirkung erzielen. Er kann die Position der Gegenseite
abwerten, wenn er wirklich überzeugende Argumente und Fakten
vorbringt, nachdem er gesagt hat: »Tatsache ist doch, daß ....«

Aber in der Regel wird diese Wendung gedankenlos und ohne
gezielte Absicht gebraucht. Leider kommt sie dann oft wie ein
Bumerang zurück, und der Sprecher hat sich nur blamiert.

4. »Wir haben das schon einmal probiert und ...«

Manche Menschen reagieren auf jede neue Idee mit dem Reflex, sie
mit Ideen aus der Vergangenheit zu vergleichen. Dann stellen sie
unweigerlich fest, daß es sich nicht lohnt, dem Neuen eine Chance
zu geben. »Wir haben das schon mal probiert ...« ist eine Wendung, mit der sich Kollegen zu erkennen geben, die so denken.

Dies ist gut und schlecht zugleich.

Einerseits ist es wichtig, wenn Sie Mitarbeiter haben, die als
»Unternehmensgedächtnis« fungieren. Wenn allgemeine Begeisterung über eine angeblich neue Idee herrscht, kann es sehr wichtig
sein, daran erinnert zu werden, daß die Idee erstens nicht neu ist,
daß sie zweitens vor acht Jahren schon einmal ausprobiert wurde,
und daß es drittens gute Gründe dafür gab, warum sie nicht funktionierte. Möglicherweise setzt dann eine intensive Diskussion
darüber ein, warum die Idee heute Erfolg haben könnte. Dann
hätte der Satz »Wir haben das schon einmal versucht ...« eine positive Entwicklung angestoßen.

Andererseits entsteht oft großer Schaden, wenn man jeden
neuen Vorschlag grundsätzlich mit dem Satz »Wir haben das schon

einmal versucht...« abblockt. Dieser Satz verkörpert dann eine Grundeinstellung, die jeden unternehmerischen Elan im Lauf der Zeit erstickt.

Bei mir selbst vergeht kaum ein Tag, an dem man mir keine Ideen, die ich schon längst kenne, unterbreitet, aber als brandneu ausgegeben werden. Wenn man seit 35 Jahren im Geschäft ist, bleibt das nicht aus. Irgendwann hat man bei jedem Vorschlag ein Déjà-Vu-Erlebnis. Aber ich sage es dann nicht. Ich beiße mir auf die Zunge und höre mir die Argumente an. Wenn ich tatsächlich einmal sage: »Wir haben das schon versucht...«, dann am Ende eines Meetings, nachdem ich alle Fakten kenne, und nicht gleich am Anfang.

Können Sie sich durchsetzen?

Die Fähigkeit zur Selbstbehauptung spielt sicherlich eine sehr wichtige Rolle im Geschäftsleben und wird Ihnen praktisch täglich abverlangt. Durchsetzungsvermögen ist bei den unterschiedlichsten Gelegenheiten gefragt – ob auf dem Flughafen, am Fahrkartenschalter, zu Hause oder im Büro.

Nehmen wir an, daß Sie einen Kollegen haben, der Ihnen in einem Meeting erbittert widerspricht, was keinen ungewöhnlichen Vorfall darstellt. Nehmen Sie das so hin und sagen sich, daß die anderen Anwesenden Ihre Position ohnehin kennen, der Kollege sich eben im Ton vergriffen hat und Sie seine Bemerkungen nicht noch aufwerten wollen, indem Sie darauf reagieren?

Setzen Sie sich sofort und nachdrücklich zur Wehr, weil Sie bei Ihren Kollegen nicht als schwächlich erscheinen wollen?

Oder warten Sie in Ruhe ab, bis sich eine Gelegenheit ergibt, Ihren Widersacher unter vier Augen zur Rede zu stellen und ihm den Kopf zu waschen?

Unter bestimmten Umständen ist jede dieser Reaktionen angemessen. Manchmal stellen Sie sich durch vorschnelle Reaktionen auf dieselbe Stufe mit den Leuten, die Sie mit ihren dummen Kommentaren verärgert haben. Besser wäre es dann, alle Anfeindungen an sich abperlen zu lassen. Aber es gibt auch Situationen, in denen Sie niedergeschlagen wurden und Ihnen keine andere Wahl bleibt, als ebenfalls einen Schwinger zu landen.

Aber in der Regel sollten Sie sich beherrschen und eine günstige Gelegenheit abwarten. Setzen Sie zum entscheidenden Schlag an, wenn das Timing für Sie am günstigsten ist, nicht für den anderen.

Leider verstehen viele Menschen diese Art von Durchsetzungsvermögen falsch. Sie betrachten jeglichen Widerstand durch Mitarbeiter oder Kollegen als Angriff auf ihre Autorität, der sofort erwidert werden muß. Diese Sichtweise kann sehr gefährlich sein, vor allem dann, wenn die Kontrahenten ebenso bestrebt sind, sich zu behaupten.

In der Tat sind unkonventionelle Methoden, die weniger auf offene Machtdemonstrationen setzen, oft viel effektiver. Es ist kräftezehrend, wenn man ständig sein Terrain verteidigen und tatsächliche oder eingebildete Feinde bekämpfen muß. Außerdem sollte man so generell nicht mit anderen Menschen umgehen. Nicht umsonst heißt es: »Wenn Sie nur einen Hammer haben, sieht jeder wie ein Nagel aus.«

Die erfolgreichsten Menschen wissen, daß sie ihre Gegner entwaffnen müssen, statt sie in endlose Scharmützel zu verwickeln. Das ist nicht schwer. Oft reicht schon eine schlagfertige Antwort oder eine gut formulierte Entgegnung, um aus einer Konfrontation als Sieger hervorzugehen. Mit den folgenden vier Methoden können Sie Ihre Position durchsetzen, ohne einschüchternd oder gar beleidigend zu wirken.

1. »Ich verstehe Ihr Problem«

Es gibt kaum einen geeigneteren Satz, den Sie in einer angespannten Situation anbringen könnten. Er läßt Sie nicht nur sympathisch erscheinen, sondern entwaffnet gleichzeitig die Gegenseite. Mit einem Streich sind Sie eher zum Verbündeten denn zum Gegner geworden. Probieren Sie diese Worte aus, wenn Sie es wieder einmal mit einem enttäuschten Kunden zu tun haben, der sein Geld

2. »Ich stimme Ihnen zu, aber …«

Der sanfteste Weg, Ihren Gegner in einer angespannten Verhandlung zu entwaffnen, ist der, ihm zunächst grundsätzlich zuzustimmen, dann aber seine Position zu zerpflücken. Entscheidend ist dabei der Gebrauch der Konjunktion »aber«: »Ich weiß genau, was Sie meinen, aber …« Damit erwecken Sie den Eindruck, als hätten Sie die Position der Gegenseite bereits akzeptiert, während Sie sie lediglich zur Kenntnis genommen haben.

Die meisten Menschen verwenden diese Technik tagtäglich, ohne sich dessen bewußt zu sein. Die wirklich Erfolgreichen wissen jedoch genau, wann und warum sie sie anwenden.

3. Nehmen Sie sich selbst aufs Korn, bevor andere es tun

Selbstironie ist die schonendste und gleichzeitig subtilste Methode, sich durchzusetzen. Wenn Sie sich selbst aufs Korn nehmen, besteht keine Notwendigkeit, daß die Gegenseite es noch tut. Wenn ich beispielsweise in einem Restaurant einen bestimmten Tisch möchte oder zusätzliche Eiswürfel wünsche, sage ich: »Ich weiß, daß Sie mich für verrückt halten, aber ich sitze einfach gerne auf der linken Seite eines Raumes«, oder: »Es mag blöd klingen, aber kann ich bitte drei Gläser Eiswürfel haben?« Das ist viel besser als zu verlangen: »Ich will unbedingt den Tisch in der linken Ecke!« oder »Bringen Sie mir drei Gläser Eiswürfel!« Diese Forderungen lassen den anderen nur denken: »Was für ein ungehobelter Kerl!« oder: »Wofür hält er sich eigentlich?« Mit etwas Selbstironie können Sie das verhindern und dem Gegenüber den Wind aus den Segeln nehmen, weil Sie zu erkennen geben, daß Ihr Wunsch dumm oder ungewöhnlich ist.

4. Geben Sie dem Stuhl die Schuld

Da letztlich Egoprobleme für fast alle heiklen Situationen im Leben verantwortlich sind, sollten Sie nach Möglichkeit immer versuchen, das Ego Ihres Gegenübers zu schützen. Dies gelingt Ihnen am besten, indem Sie eine schwierige Situation entpersonalisieren, also einem *Gegenstand* statt einer *Person* die Schuld geben.

Einmal bereitete Peter Jennings, Star der ABC News und Moderator der täglichen Abendnachrichten des Senders, eine Studiodiskussion mit drei ABC-Korrespondenten vor. Jennings, der fast 1,90 Meter groß ist, saß neben seinem Kollegen und langjährigen Korrespondenten für das Weiße Haus, Brit Hume, der ihn noch um einige Zentimeter überragte. Jennings war sich seiner Wirkung vor der Kamera deutlich bewußt und wandte sich an einen Assistenten: »Ich glaube, daß dieser Stuhl ein bißchen erhöht werden möchte.« Mit diesem kurzen Satz nahm er einer Situation, in der es um sein Ego ging, die potentielle Schärfe. Anstatt auf seine Privilegien als Starmoderator zu pochen, machte er den Stuhl zum Sündenbock.

Kapitel 4
Das Spiel mit der Wahrheit

Einmal wurde ich von einem Geschäftspartner, mit dem ich seit Jahren lockeren Kontakt pflegte, in seinen Geschäftsräumen zum Essen eingeladen. Es war Mittagszeit, und er bat mich in einen elegant ausgestatteten Raum neben seinem Büro. Dann wurde ein Vier-Gänge-Menü nach allen Regeln der Kunst serviert. Jeder Gang wurde von einem Chefkoch in einem weißen Jackett aufgetragen. Wir führten eine anregende Unterhaltung und genossen das vorzügliche Essen. Das ganze Ereignis schien darauf angelegt, mich als Gast zu beeindrucken und günstig zu stimmen.

Ich erinnere mich daran, daß ich tatsächlich sehr beeindruckt war – nicht nur von der Gastfreundschaft des Managers, sondern auch von der Tatsache, daß er einen Koch beschäftigte. Er hatte viel erreicht, seit ich ihn kennengelernt hatte.

Als der Chefkoch nach dem Essen den Kaffee servierte, versuchte unser Gastgeber, das Bild, das ich gewonnen hatte, zu bekräftigen. Er lobte den Koch für das Essen, hielt sich den Bauch und seufzte: »Zum Glück esse ich heute abend nicht auch noch hier.«

Ein geschickt angebrachter Satz, dachte ich damals. So sollte mir nicht entgehen, daß sein Chefkoch ihm bis spätabends zur Verfügung stand.

Später erfuhr ich, daß die Mahlzeit von einem Catering-Service stammte und der Koch bei diesem Service angestellt war.

Aber trotzdem trübte das meine Bewunderung nicht. Ich war besonders beeindruckt, wie geschickt er mit der Wahrheit gespielt hatte, um den Eindruck zu vermitteln, daß der Chefkoch zu seinem Personal gehörte. Er hatte nicht einmal direkt gelogen. Das war auch gar nicht nötig gewesen. Er hatte einfach seine Bemerkungen an der richtigen Stelle plaziert und bestimmte Fakten ausgelassen, um den gewünschten Effekt zu erzielen. Er erzielte die gewünschte Wirkung nicht durch falsche, sondern durch unterschlagene Informationen.

Diese kleine Episode illustriert, welche Spiele man mit der Wahrheit spielen kann. Ich will die verbalen Taschenspielertricks dieses Mannes gar nicht verteidigen. Aber es ist auch schwer, sie in Grund und Boden zu verdammen, denn wir alle treiben täglich zu Dutzenden von Malen unser Spiel mit der Wahrheit. Meist bleibt uns gar keine andere Wahl. Denken Sie beispielsweise an die folgenden fünf Situationen, die Ihnen vertraut erscheinen dürften:

1. Wenn die Wahrheit weh tut

Eine Freundin kehrt gerade mit einer bedauernswerten Frisur vom Friseur zurück und fragt hoffnungsvoll: »Wie sehe ich aus?«
Was würden Sie antworten?
Die meisten Menschen würden flunkern oder einen Euphemismus verwenden, um sich aus der Affäre zu ziehen. Ihr Instinkt sagt ihnen, daß sie mit der Wahrheit niemandem einen Gefallen tun, sondern höchstens eine Freundin verletzen.
Tatsache ist, daß das Bemühen um völlige Ehrlichkeit eine ständige Risiko-Nutzen-Abwägung bedeutet. Was gewinnen Sie, wenn Sie die Wahrheit sagen, und welche Verluste nehmen Sie in Kauf, wenn Sie ein klein wenig schummeln? Selbst die Heiligsten und Gewissenhaftesten unter uns spielen dieses Spiel.
So würden die meisten Menschen ein Fünfzig-Pfennig-Stück, das sie auf dem Boden eines Kinos finden, einstecken, denn es lohnt die Mühe nicht, die Münze zurückzugeben, und damit wäre

weder ein Risiko noch ein Nutzen verbunden. Weder können Sie Dankbarkeit für die Rückgabe erwarten, noch wird jemand schlecht von Ihnen denken, wenn Sie sie behalten.

Anders sieht es aus, wenn Sie 25.000 DM im Kino finden. Zwar sind die Alternativen dieselben: Sie können das Geld einstecken oder überlegen, ob Sie nach seinem rechtmäßigen Besitzer fahnden und es zurückgeben sollen. Aber das damit verbundene Risiko und der Nutzen sind ungleich größer. Bestimmt wird Ihnen jemand sehr dankbar sein, wenn Sie das Richtige tun. Und viele Menschen würden es für unverzeihlich halten, wenn sich herausstellte, daß Sie es nicht taten.

2. Wenn man einen Fehler verbergen muß

Die meisten Menschen jonglieren mit der Wahrheit, um von ihren Versäumnissen abzulenken. Wenn sie etwa zu einer Besprechung zu spät kommen, einen Termin nicht einhalten oder ein Mittagessen mit einem Freund absagen müssen, erfinden sie eine Entschuldigung, gegen die höchstwahrscheinlich niemand etwas einwenden kann.

Viele Menschen legen auch ein großzügiges Verhältnis zur Wahrheit an den Tag, wenn Computer im Spiel sind. Ich beobachte dies ständig auf meinen Geschäftsreisen. Ein gehetzter Geschäftsmann will einen bestimmten Flug bekommen, hat aber leider vergessen, einen Platz zu reservieren. Nun verfügt er über zwei Möglichkeiten. Er kann zum Ticketschalter stürzen, zugeben, daß er keine Reservierung hat, und sich der Gnade des jeweiligen Angestellten überlassen, oder er kann dem Computer die Schuld geben: »Ich habe doch reserviert«, sagt er dann, »und die Reservierung wurde bestätigt.« Das Risiko ist minimal. Der Nutzen ist offensichtlich. Wenn der Computer der Sündenbock ist, wird sich der Angestellte um so mehr bemühen, ihm noch einen Platz zu besorgen. Wenn es sich um einen wirklich wichtigen Flug handelt, sind sicherlich nicht wenige Menschen bereit, die Wahrheit sehr zu strapazieren, um noch einen Platz zu bekommen.

3. Wenn es der Bequemlichkeit dient

Mit kleineren Manipulationen der Wahrheit kann man sich manchmal auch um ungeliebte Arbeiten drücken. Ich mache dies oft mit zugeschickten Buchmanuskripten, die ich lesen und empfehlen soll. Wenn es sich nicht um Freunde von mir handelt, schreibe ich immer zurück: »Mein Verleger erlaubt mir derartige Aktivitäten nicht, weil er darin einen Interessenkonflikt im Zusammenhang mit dem Verkauf meines eigenen Buchs sieht.« In Wahrheit möchte ich mir nicht die Mühe machen, eine Empfehlung zu schreiben, und außerdem habe ich weder Zeit noch Lust, Buchmanuskripte zu lesen. Aber dies offen auszusprechen, wäre selbst einem völlig Fremden gegenüber sehr taktlos. So viel Offenheit erträgt kaum jemand.

4. Wenn man Sie nicht sieht

Am Telefon werden wahrscheinlich die meisten Notlügen im Geschäftsleben angewandt. Was auch immer Sie behaupten, die Gegenseite hat keinen visuellen Beweis, um Sie zu widerlegen. Wenn ich beispielsweise glaube, daß der Zeitpunkt ungünstig ist, um einen bestimmten Anruf entgegenzunehmen, weise ich meine Sekretärin an: »Sagen Sie, ich führe gerade ein Überseegespräch, und ich werde zurückrufen.« Ich rufe auch wirklich zurück, aber erst dann, wenn mir der Zeitpunkt gelegen ist. Diese Entschuldigung klingt besser, als einem Anrufer zu sagen, daß ich keine Zeit für ihn habe oder mit wichtigeren Angelegenheiten als den seinen beschäftigt bin.

5. Wenn kein Widerspruch möglich ist

Manchmal geben Sie ein gutes Bild ab, indem Sie mit der Wahrheit spielen. So ist das Freizeittennis ein Sport, in dem jeder Ball auf der Linie ein Kampf um die Wahrheit werden könnte. Die offensichtliche Lösung ist die, die Bälle so zu bewerten, wie Sie sie gesehen haben.

Aber das ist nicht unproblematisch. Was tun Sie, wenn Sie gar nicht genau gesehen haben, ob der Ball im Aus war? Das hängt davon ab, was auf dem Spiel steht. Wenn es für Sie wichtig ist, um jeden Preis zu gewinnen, entscheiden Sie im Zweifelsfall eben für sich und scheren sich nicht darum, was für einen Eindruck Sie damit machen.

Wenn andererseits Ihr Tennispartner ein potentieller Kunde ist und Sie ihn mit Ihrer Fairneß beeindrucken möchten, könnten Sie im Zweifel zu seinen Gunsten entscheiden und sagen: »Ich habe es nicht gesehen, aber wahrscheinlich war er drin.« Wenn Sie das mehrmals tun, können Sie praktisch zusehen, wie Sie in der Wertschätzung Ihres Gegenübers steigen. Er wird Sie nicht nur sympathisch finden, sondern er möchte auch mit Ihnen ins Geschäft kommen, weil er davon ausgeht, daß Sie auch im Berufsleben so großzügig sind.

Offenheit gibt es in vielen Formen

Meiner Meinung nach haben viele Geschäftsleute ein Problem mit der Offenheit. Vielleicht ist das so, weil Verschwiegenheit und Finesse im Geschäftsleben für so wichtig gehalten werden.

Ein Verkäufer neigt dazu, die Vorzüge seiner Produkte hervorzuheben und ihre Schwächen unter den Tisch fallen zu lassen.

Ein Verhandlungsführer enthüllt stolz alle Informationen, solange es zu seinem Vorteil ist und nicht zu dem der Gegenseite.

Im Umgang mit den Mitarbeitern geben wir diesen nur so viele Informationen, wie sie nach unserer Meinung benötigen. Mit anderen Worten: Wir machen aus unserer Fähigkeit zu schweigen eine Tugend.

Das ist natürlich nicht grundsätzlich schlecht. Jeder Mensch erlebt Situationen, in denen es am klügsten ist, weniger offen zu sein, ohne dabei ein schlechtes Gewissen zu bekommen. Ein Autoverkäufer ist beispielsweise nicht unbedingt verpflichtet, einem Kunden zu sagen, daß das von ihm favorisierte Modell einen hohen Benzinverbrauch hat. Auf diese Tatsache explizit hinzuweisen, zeugt nicht von Offenheit, sondern von mangelndem Verkaufstalent. Warum sollte man den Kunden der Konkurrenz in die Arme treiben?

Aber es gibt auch zahlreiche Gelegenheiten, wo bedingungslose Offenheit von großem Vorteil ist. Oft kommt es auch darauf an, auf welche Weise sie demonstriert wird.

Am häufigsten ist natürlich die unverfälschte, direkte Offenheit. Sie sagen Ihrem Gegenüber genau, was Sie denken, und hoffen, daß er Ihre Ehrlichkeit zu schätzen weiß.

Im Zweifelsfall bin ich ein sehr direkter Mensch. Wenn ich etwas falsch gemacht habe, gebe ich es zu, wenn ich die Beherrschung verloren habe, sage ich das, und wenn ich enttäuscht bin, lasse ich das andere wissen. Diese Offenheit wirkt sich nicht nur beruhigend auf mein Gewissen und meinen Geist aus, sondern sie besitzt auch eine klärende Wirkung in vielen chaotischen Situationen. Sonne ist, wie man so schön sagt, das beste Desinfektionsmittel.

Wenn Sie im Unrecht sind

Uneingeschränkte Offenheit empfiehlt sich immer dann, wenn Sie einen Fehler gemacht haben.

Jemand, der sich in eine Patsche manövriert hat, verfügt im allgemeinen über zwei Möglichkeiten. Er kann versuchen, seinen Fehler zu verbergen, oder er kann sich öffnen und die Wahrheit sagen. Offenheit ist die bessere Option.

Demonstrieren Sie in den Situationen, in denen Sie nicht gerade Ihr Bestes gegeben haben, Ehrlichkeit, und Sie werden folgendes feststellen: Erstens wird man sich eher an Ihre Aufrichtigkeit als an Ihre Fehler erinnern, zweitens wird man Ihnen bereitwillig verzeihen, und drittens wird man auch Ihnen gegenüber offen sein.

Offenheit ist besonders wertvoll, wenn Sie um neue Geschäfte

Das Spiel mit der Wahrheit 67

konkurrieren. Mit dem Mittel der Offenheit heben Sie sich von der Masse der Mitbewerber ab – denn die meisten Menschen sind nicht so ehrlich, wie sie sein sollten. Jean-Claude Killy sagte mir einmal, ein wichtiger Grund, warum er sich 1967 unter unsere Fittiche begeben habe, sei der gewesen, daß ich ihm nie etwas versprach. Damals war ich erst in den Dreißigern, konnte keine Erfahrungen im Skisport vorweisen und war in Europa noch nicht vertreten. Aber alle anderen, die ihn als Klienten gewinnen wollten, versprachen ihm das Blaue vom Himmel herunter.

Es gibt aber auch subtilere Formen der Offenheit, etwa wenn die Situation es erfordert, daß Sie bei aller Ehrlichkeit charmant und einnehmend bleiben, anstatt plump die Wahrheit zu sagen.

Diesen Rat verdanke ich meinem guten Freund Gordon Forbes, der in den fünfziger und sechziger Jahren – also bevor die Ära der Profis begann – im Davis Cup für Südafrika spielte. Am Ende seiner Amateurkarriere fand Forbes einen »richtigen« Job, in dem er Industriebeleuchtungssysteme in Johannesburg verkaufte.

Forbes fing mit sehr kleinen Aufträgen an, bis er sich eines Tages an einer großen Ausschreibung beteiligte, bei der es um die Lieferung der gesamten Innenbeleuchtung für ein Minenprojekt ging. Er arbeitete Tag und Nacht an seinem Angebot und reichte es dann voller Nervosität kurz vor Abgabefrist ein.

Am nächsten Tag bat ihn die Bergbaugesellschaft zu einem Gespräch, um sein Angebot zu diskutieren. Forbes nahm dies als positives Zeichen, bis er erfuhr, daß alle Ausschreibungsteilnehmer zu einem solchen Gespräch geladen wurden.

In einem Konferenzraum voller Bergbauingenieure wurde Forbes erklärt, daß sein Angebot im Hinblick auf Preis und Inhalt identisch mit allen anderen sei. Ein Ingenieur meinte sogar, daß der Preis unter den Ausschreibungsteilnehmern abgesprochen sein müsse, was Forbes jedoch energisch bestritt.

Der Ingenieur kam dann unverblümt zur Sache: »Können Sie uns irgendwelche Gründe nennen, warum das Unternehmen Ihre Ausrüstung derjenigen Ihrer Konkurrenten vorziehen sollte?«

Forbes war völlig konsterniert. Im Geiste suchte er verzweifelt nach einer Antwort, aber es fiel ihm keine ein.

Dann erinnerte er sich an den großen australischen Tennisspieler Roy Emerson, der während der Tour die liebenswerte Angewohnheit entwickelt hatte, darauf hinzuweisen, daß er alles »mit Gefühl« machte. Wenn Emerson einen großartigen Ball schlug, dann schlug er ihn »mit Gefühl«. Wenn ein Steak besonders gut schmeckte, war es »mit Gefühl« gebraten worden.

Mit diesem Gedanken im Hinterkopf erwiderte Forbes den Blick der Ingenieure und sagte: »Gentlemen, haben Sie die Tatsache berücksichtigt, daß wir jede einzelne Lampe mit Gefühl installieren werden?«

Im Raum war schallendes Gelächter zu hören. Selbst die größten Skeptiker mußten einräumen, daß dieser Grund etwas für sich hatte, auch wenn er nichttechnischer Art war. Forbes erhielt den Zuschlag.

Er nutzte diesen ersten Großauftrag, um sein Unternehmen zum größten Beleuchtungskonzern in der südlichen Hemisphäre zu machen.

Meiner Meinung nach stellte seine Antwort die subtilste Form der Ehrlichkeit dar. Sie war so subtil, daß die andere Seite es vielleicht gar nicht bemerkte. Der Ingenieur hatte ihm eine Fangfrage gestellt – so wie man nervöse Stellenbewerber oft fragt: »Warum sollten wir Sie einstellen?« –, und Forbes hatte den Angriff mit einer cleveren Antwort pariert.

Humor ist vielleicht die beste Form von Offenheit, weil Sie damit nicht nur Ihre Botschaft übermitteln, sondern auch dafür sorgen, daß die Empfänger gut damit leben können. Auf diese Weise nehmen Sie vielen Situationen die Schärfe.

Vor einigen Monaten sprach der Chairman einer führenden britischen Reederei mit seiner langjährigen Bank über die Finanzierung einer komplizierten Firmenübernahme. Schon Minuten nach Beginn des Meetings war dem Chairman ebenso wie den Bankern klar, daß die Bank weder über die Ressourcen noch die Erfahrung verfügte, um das Geschäft abzuwickeln.

Dies war eine äußerst heikle Situation für den Chairman. Er empfand ein Gefühl der Loyalität gegenüber den Bankern und wollte das Meeting nicht brutal beenden, indem er ihnen ihre Unfähigkeit bescheinigte.

Der Chairman fand eine Lösung. Er erzählte einen Witz über einen jungen Mann, der in London von einer Prostituierten angesprochen wurde.

»Hallo, Süßer«, sagte die Frau. »Wie wäre es, wenn wir ein wenig Zeit zusammen verbringen würden?«

»Es gibt drei Gründe, warum das nicht geht«, erwiderte der junge Mann. »Erstens habe ich kein Geld.«

»Die anderen beiden Gründe brauche ich nicht zu hören«, sagte die Frau und war verschwunden.

Die Banker lachten, die Botschaft war angekommen, und das Gespräch wurde wenige Minuten später beendet.

Die schreckliche Wahrheit über Geheimnisse

Ein Schweizer Manager sagte mir einmal, daß er die Menschen fast ausschließlich danach beurteile, wie gut sie ein Geheimnis für sich behalten könnten.

»Wenn sie schweigen können«, sagte er, »sind sie meine Freunde fürs Leben. Wenn sie das nicht können, nehme ich sie gar nicht als Menschen wahr. Sie sind für mich lediglich Werkzeuge, die ich für meine Zwecke verwende, aber ich würde ihnen niemals vertrauen.«

Ich fand die Einstellung dieses Mannes zu einseitig und radikal. Die Fähigkeit, ein Geheimnis für sich zu behalten, mag ein sehr wichtiger Charakterzug sein. Aber man kann die Welt nicht in diejenigen Menschen einteilen, die ein Geheimnis für sich behalten können, und diejenigen, die dazu nicht in der Lage sind. Das Leben ist nun einmal komplizierter.

Wenn der Chefbuchhalter Ihres Unternehmens (der sämtliche Gehälter kennt, aber nie darüber spricht) auf einer Verschwiegenheitsskala von 1 bis 10 den Wert 10 und das firmenbekannte Klatschmaul den Wert 1 erreicht, dann würden die meisten Menschen irgendwo dazwischenliegen.

Berücksichtigen Sie deshalb folgende Faktoren, bevor Sie über die Verschwiegenheit anderer ein Urteil fällen:

1. Handelt es sich tatsächlich um Geheimnisse?

Ich bin überzeugt davon, daß die meisten Geheimnisse, die uns anvertraut werden – selbst aus dem heiklen Privatbereich – eigentlich gar keine Geheimnisse sind. Man teilt sie uns nur deshalb mit, damit wir sie weitererzählen.

Ein Kollege erzählt Ihnen beispielsweise bei der Arbeit, daß er familiäre Probleme hat und an Scheidung denkt. Das ist eine sehr persönliche Information. Aber ist es auch ein Geheimnis? Oder ist dies nur der schnellste und bequemste Weg für Ihren Kollegen, seine Eheprobleme offen zu bekennen, ohne mit zwölf verschiedenen Menschen einzeln sprechen zu müssen?

Wenn Sie dieses Geheimnis also verbreiten, darf man daraus nicht unbedingt schließen, daß man Ihnen nicht vertrauen kann. Vielleicht erweisen Sie Ihrem Kollegen sogar einen großen Gefallen.

2. Wie sieht die Beziehung aus?

Die Bedeutung eines Geheimnisses hängt in der Regel von der Beziehung der Eingeweihten zueinander ab.

So sind Geheimnisse zwischen Ehepartnern praktisch heilig, und es ist unverzeihlich, sie auszuplaudern.

Am Arbeitsplatz werden ebenso heilige Geheimnisse zwischen Führungskräften und Sekretärinnen geteilt. Chefs erwarten, daß ihre Sekretärinnen Bastionen der Diskretion sind. Wie in einer Ehe kommt es einem Verrat gleich, ein Geheimnis ohne Erlaubnis des Chefs auszuplaudern. Dieser Verrat rechtfertigt eine Kündigung.

Ebenso verhält es sich mit Geheimnissen in der Käufer-Verkäufer-Beziehung. Kunden erwarten, daß ihre Lieferanten absolutes Stillschweigen über den Umfang, den Preis und die zugrundeliegende Strategie eines Geschäfts wahren, ob es sich um Armaturen oder Sponsorenschaften für Sportveranstaltungen handelt. Diese Verschwiegenheit wird entweder vorausgesetzt oder schriftlich im Kaufvertrag fixiert. Doch jeder erfolgreiche Lieferant weiß ohnehin, daß er diese Linie nicht überschreiten darf. Umgekehrt gilt dies genauso. Wenn ich meinem besten Kunden Elektrodrähte für 2 Dollar weniger verkaufe als allen anderen, dann erwarte ich, daß der Kunde dieses Geschäftsgeheimnis für sich behält. Ganz gewiß möchte ich nicht, daß er es meinen anderen Kunden weitererzählt.

Die Bande des Vertrauens werden lockerer, wenn es um Geheimnisse unter Kollegen geht. Ich weiß nicht genau, warum das so ist, vielleicht, weil die Beziehungen zwischen Kollegen oder zwischen Chef und Mitarbeiter nicht so klar definiert sind, oder weil die Geheimnisse, die sie erfahren, weniger sensibel sind. Jedenfalls schicken Kollegen, die über ein Geheimnis reden, meist den Satz voraus: »Das ist vertraulich« oder »Erzählen Sie das bitte niemandem weiter«. In engeren Beziehungen ist dies selbstverständlich und muß nicht eigens erwähnt werden.

3. Wo beginnt das Verbrechen?

Manchmal erfahren Sie unter dem Mantel der Verschwiegenheit von so empörenden Machenschaften, daß es Ihnen als vergleichsweise geringfügige Indiskretion erscheint, das Geheimnis zu verraten.

Vor einigen Jahren bot einer unserer Konkurrenten einem ausländischen Fernsehsender die Übertragungsrechte an mehreren Veranstaltungen an, die wir repräsentierten. Unsere Konkurrenten hatten dazu keinerlei Recht.

Ich erfuhr nur deshalb davon, weil ein Freund in diesem Sender mir den Brief unter dem Siegel der Verschwiegenheit zeigte. Obwohl der Brief jeder Geschäftsethik spottete (wahrscheinlich war er sogar schlichtweg kriminell) und mich direkt betraf, bestand mein Freund darauf, daß ich ihn keinesfalls als Informationsquelle nannte.

Ich schwankte monatelang hin und her, was ich mit dem Brief anfangen sollte. Sollte ich ihn in der Branche herumzeigen, um meinen Konkurrenten zu strafen? Oder sollte ich ihn in der Schublade liegen lassen, um meinen Freund zu schützen? Schließlich gelangte der Brief über eine andere Quelle an die Öffentlichkeit. Aber ich kann die Hand nicht dafür ins Feuer legen, daß ich ihn für immer geheimgehalten hätte.

4. Gibt es einen Dritten?

Die am schwierigsten zu wahrenden Geheimnisse betreffen meist einen Dritten, dem besser gedient wäre, wenn er wüßte, was auch Sie schon wissen.

So erzählt Ihnen auf der High School Ihr bester Freund Joe, daß er Suzy zu einem exklusiven Abendessen einladen will. Aber Suzy hat Ihnen schon erzählt, daß sie an Joe kein weitergehendes Interesse hat.

Erzählen Sie das Joe und bewahren ihn damit vor der peinlichen Situation, von Suzy einen Korb zu bekommen? Oder behalten sie Suzys Äußerungen für sich und lassen Ihren besten Freund seine eigenen Erfahrungen machen?

Dies ist eine banale Szene aus dem Leben Jugendlicher, die aber mit vielen Situationen im Geschäftsleben vergleichbar ist. So könnte Ihnen ein Kollege aus einem anderen Unternehmen sagen, daß er eine große Investition plane, die allerdings, wie Sie aus sicherer Quelle wissen, zum Scheitern verurteilt ist. Geben Sie Ihre vertrauliche Information an ihn weiter, oder sehen Sie zu, wie er sein letztes Hemd verliert?

Ein befreundeter Konkurrent erzählte mir einmal, daß er eine Reise nach Europa geplant habe, um dort ein letztes Mal zu versuchen, die Rechte an einer Sportveranstaltung zu erwerben. Die Reise kostete ihn mehrere tausend Dollar, was er sich damals kaum leisten konnte. Ich wußte aber, daß die Organisatoren des Ereignisses schon bei einer anderen Firma unterschrieben hatten – nämlich bei uns. Würden Sie einem Konkurrenten raten, sein Geld anderweitig zu verwenden, oder würden Sie das Geheimnis für sich behalten? In diesem Fall riet ich ihm, zu Hause zu bleiben. Niemand außer der Fluggesellschaft hätte von meiner Verschwiegenheit profitiert. Also redete ich.

Die schreckliche Wahrheit über Geheimnisse ist die, daß es nicht immer heldenhaft ist, sie für sich zu behalten, und nicht immer treulos, sie zu verraten.

Wem verraten Sie Geheimnisse?

Ich führte einmal bei den Mitarbeitern der mittleren Ebene eine inoffizielle Umfrage darüber durch, welches die wichtigste Führungseigenschaft eines Managers sei, dem sie vertrauen und folgen würden. In den Antworten wurden die verschiedensten Bereiche genannt, hauptsächlich aber ging es um Eigenschaften wie Intelligenz, Mut und Fairneß. Ein Führer, so hieß es, müsse ein wenig klüger als seine Leute sein, hart, aber fair in der Entscheidungsfindung (nicht subjektiv oder zu emotional), risikobereit und besonnen in der Krise.

Es war kaum etwas gegen diese Antworten zu sagen, als ich aber mehrere CEOs fragte, was sie für die wichtigste Eigenschaft einer guten Führungspersönlichkeit hielten, schlug mir unisono die Antwort entgegen: die Fähigkeit, ein Geheimnis zu behalten.

Diese Diskrepanz ist frappierend. Die Mitarbeiter bewundern ihre Chefs für Eigenschaften, die deutlich sichtbar sind – Intelligenz, Grips, Belastbarkeit. Dagegen glauben die Vorgesetzten, daß ihre Autorität auf einer Eigenschaft basiert, die nur wenige Menschen, ihre eigenen Mitarbeiter eingeschlossen, überhaupt bemerken.

Dafür gibt es natürlich einen Grund. Wenn jemand Geheimnisse für sich behält, macht er keinen großen Wirbel darum. Er meidet es, die Aufmerksamkeit auf sich zu ziehen. Man nimmt die Fähigkeit zur Verschwiegenheit eigentlich nur dann wahr, wenn sie fehlt – wenn also jemand Geheimnisse ausplaudert.

Meiner Ansicht nach verschafft keine andere Fähigkeit einem angehenden Manager mehr Vorteile als die, schweigen zu können. Zunächst einmal gehört er immer zu denen, die besser als andere informiert sind. Die Menschen in seiner Umgebung vertrauen ihm »Geheimnisse« an, weil sie wissen, daß er sie nicht gleich weitererzählt. Dabei spielt es keine Rolle, ob ihm die Informationen von Kunden, Vorgesetzten oder Mitarbeitern zugeflüstert werden. Wenn sie die Wahl haben, wenden sich die meisten Menschen lieber an einen verschwiegenen Gesprächspartner als an einen geschwätzigen. Und bei Geheimnissen hat man immer die Wahl.

Wenn diese Fähigkeit, das Vertrauen anderer zu gewinnen, nicht das wichtigste Merkmal eines Führers ist, dann weiß ich nicht, welche Fähigkeit es sonst sein könnte.

Es ist nicht schwer, diese Eigenschaft zu entwickeln und den Ruf zu erwerben, vertrauenswürdig zu sein. Theoretisch brauchen Sie dazu nur den Mund zu halten. Wenn Sie bemerken, daß Sie Sätze einleiten mit: »Ich sollte Ihnen das nicht erzählen ...«, dann halten Sie inne und denken Sie noch einmal über die Konsequenzen nach. Ihre Gesprächspartner könnten zwar die Tatsache zu schätzen wissen, daß Sie vertrauliche Informationen weitergeben, aber gleichzeitig fragen sie sich bestimmt, ob Sie auch ihre Geheimnisse dem Rest der Welt verraten.

Nun mag es theoretisch ganz angebracht sein, den Mund zu halten, aber in der Realität sind die meisten Menschen dazu gar nicht in der Lage, auch wenn der gesunde Menschenverstand es gebietet. In unserer Gesellschaft bedeuten Informationen Macht, und der Wert einer Information steht in direktem Verhältnis dazu, wie wenige Menschen sie kennen. Folglich ist der Glaube verbreitet, daß man Informationen preisgeben muß, um selbst Informationen zu bekommen. Aber diese Tauschmentalität beruht eigentlich auf einem Trugschluß. Meiner Erfahrung nach genießen Sie ein um so größeres Vertrauen, je weniger Informationen Sie preisgeben, weil die anderen eben wissen, daß Sie schweigen können.

Denken Sie einmal darüber nach. An wen würden Sie sich mit einem vertraulichen Problem eher wenden? An jemanden, der erwiesenermaßen schweigen kann, oder an ein Klatschmaul? Und macht es einen Unterschied, wenn diese Person Ihnen noch kein Geheimnis von sich anvertraut hat? In diesem Bereich kann man Gleiches nicht mit Gleichem vergelten.

Mir ist klar, daß nicht jeder schweigen kann wie ein Grab und daß nicht jedes Geheimnis dazu bestimmt ist, geheimgehalten zu werden. Könnten politische Skandale ohne Indiskretionen aufgedeckt werden? Außerdem hilft manchmal eine Enthüllung dem einen, ohne dem anderen zu schaden. Irgendwo in diesem Nebel der Widersprüche gibt es den goldenen Mittelweg.

Ich persönlich bin sehr wählerisch bei der Auswahl der Menschen, denen ich vertrauliche Informationen mitteile, und noch wählerischer, wenn ich jemandem das Geheimnis eines anderen anvertraue. Die ersteren sind ein enger Kreis von Freunden und Vertrauten, die letzteren bilden einen noch engeren Kreis.

Theoretisch müßte dies eine einfache Richtlinie sein, aber in der Realität sieht es anders aus. Es kommt nämlich auch immer sehr darauf an, wem man ein Geheimnis verrät. Diese Frage ist oft wichtiger als der Vertrauensbruch selbst.

Es ist eine Sache, einem Freund, Kunden, Chef oder Kollegen privilegierte Informationen mitzuteilen, wenn sie davon profitieren und das Vertrauen nicht mißbrauchen. Damit verrät man zwar ein Geheimnis, verfolgt dabei aber einen klaren Zweck und beschränkt sich auf einen sehr kleinen Kreis von Mitwissern. Sie behalten das Informationsleck unter Kontrolle, und es entsteht kein Schaden.

Ganz anders sieht es jedoch aus, wenn Sie Informationen an Menschen weitergeben, die Ihnen nicht wichtig sind, die gar keinen gesteigerten Wert auf das Wissen legen oder auf deren Verschwiegenheit man sich nicht verlassen kann.

Dieser Verrat erfolgt meist als Abwandlung des Spiels »Ich weiß etwas, was du nicht weißt«. Sie möchten beispielsweise jemanden mit Ihrem Insiderwissen beeindrucken, oder Sie meinen, Informationen preisgeben zu müssen, um selbst etwas zurückzubekommen. Im wesentlichen handeln Sie dann mit Klatsch. Ihr kleiner Verrat hat keinen spezifischen Zweck. Niemand profitiert davon. Am schlimmsten ist aber, daß Sie das Leck nicht mehr kontrollieren können. Genausogut könnten Sie das Geheimnis öffentlich hinausposaunen.

Wie man ein Geheimnis wahrt

Geheimnisse sind wie die Büchse der Pandora. Einmal geöffnet, geraten sie leicht außer Kontrolle. Deshalb ist es eine grundlegende Kommunikationsfähigkeit, Vorsichtsmaßnahmen zu ergreifen.

Das meine ich eigentlich damit, wenn ich sage, daß es darauf ankommt, *wem* man Geheimnisse verrät. Ich gebe Geheimnisse nie leichtfertig weiter. Ich erzähle sie nur solchen Menschen, die ihre Vertrauenswürdigkeit schon längst bewiesen haben. So definiere ich auch die Begriffe »Vertrauter« oder »Freund«.

Es gibt verschiedene verbale Mittel, um eine Information als »geheim« zu kennzeichnen. Man könnte beinahe von einem Stufensystem sprechen. Wenn jemand sagt: »Das ist streng vertraulich«, weist dies auf einen gewissen Vertraulichkeitsgrad hin. Der Satz: »Bevor ich Ihnen etwas sage, müssen Sie versprechen, daß es unter uns bleibt«, weist dagegen auf eine noch strengere Ebene der Vertraulichkeit hin.

Ein Freund von mir hat seine eigene Einstufung vorgenommen. Gibt er ein mäßig wichtiges Geheimnis weiter, erinnert er seinen Gesprächspartner vorher daran, daß diese Information unter einem »Embargo« steht. Damit meint er, daß ein Bruch des Embargos derjenigen Person schadet, die ihm das Geheimnis mitgeteilt hat.

Ernstere Geheimnisse werden mit einem »doppelten Embargo« belegt. Damit ist gemeint, daß zwei Menschen betroffen sein könnten.

Die sensibelsten Geheimnisse sind mit einem »dreifachen Embargo« belegt. Das bedeutet, daß jede Verletzung des Geheimnisses drei Menschen betreffen würde: erstens die Person, die das Geheimnis zuerst weitergegeben hat; zweitens die Person, die das Geheimnis verraten hat, und drittens die Person, die das »dreifache Embargo« gebrochen hat. Der größte Schaden würde natürlich dem Ruf der dritten Person in der Kette entstehen. »Nach einer so ernsten Warnung«, sagt mein Freund, »glaube ich nicht, daß ich dieser Person jemals wieder trauen würde.«

Ich handle nicht unüberlegt, wenn ich absichtlich ein Geheimnis weitergebe, und tue dies auch nur gegenüber Menschen, denen ich absolut vertraue. Diese Menschen wissen auch ohne meine ausdrückliche Warnung, daß die betreffende Information mit einem »dreifachen Embargo« belegt ist. Die Erfahrung hat sie wie mich gelehrt, daß die gedankenlose Verletzung eines Geheimnisses mindestens drei Parteien schadet.

Seien Sie dankbar für die ungeschminkte Wahrheit

Eine Frau in unserer Klassikdivision überlegte, ob sie einen ziemlich exzentrischen Musiker vertreten sollte, der eine Karriere als Dirigent aufbauen wollte. Sie setzte sich in die Orchesterproben des Mannes, um zu sehen, wie er mit seinen Musikern umging. Sie besuchte mehrere seiner Konzerte, um zu hören, wie er die Klassiker interpretierte und um seine Beziehung zum Publikum zu erleben. Keine dieser Erkundungstouren hinterließ einen besonderen Eindruck bei ihr, bis der Dirigent sie eines Tages zu einem Vortrag über kreatives Management einlud, den er vor Studenten einer Business School hielt. Unsere Mitarbeiterin war völlig erstaunt über das, was sie sah. Der Dirigent saß am Piano und zog einige überraschende und amüsante Analogien zwischen dem, was Komponisten und Manager tun. Die Studenten dankten ihm mit stehenden Ovationen.

Schließlich kam die Mitarbeiterin zum Ergebnis, daß es Zeitverschwendung sei, diesen Musiker zu repräsentieren. Sie nannte ihm offen den Grund dafür: »Sie müssen eine Tatsache akzeptieren«, sagte sie ihm. »Sie werden nie ein Sir Georg Solti sein, weil Sie zu sehr aus dem Rahmen fallen und weil Sie als Musiker nicht gut genug sind.«

Sie fügte allerdings hinzu, daß er auf eine lukrative Karriere als Entertainer in den Randgebieten der klassischen Musik oder als Redner vor Geschäftsleuten hoffen könne.

»Ihre Zukunft«, sagte sie ihm, »liegt darin, mit Amateuren zu reden, weil die echten Profis Sie nicht für voll nehmen!«

Diese letzte Bemerkung mag unnötig grausam erscheinen. Aber eigentlich handelte es sich um einen unbezahlbaren Ratschlag. Und mit einem kurzen Satz hatte sie dem Mann eine mögliche Karriere skizziert. Sie hatte ihn von der sinnlosen Verfolgung einer Dirigentenkarriere abgebracht und in eine Richtung gelenkt, in der er all seine exzentrischen Züge zum eigenen Vorteil nutzen konnte.

Ich habe den Verdacht, daß viele Menschen eine derartige Offenheit bei der Beurteilung ihrer Karrierechancen gut gebrauchen könnten. Aber Tatsache ist, daß die meisten Menschen gar keinen großen Wert auf Offenheit legen, wenn es um ihre Karriere geht. Und selbst wenn sie ein offenes Wort hören, haben sie Probleme damit, es zu akzeptieren.

Ich kann gar nicht mehr zählen, wie oft schon Mitarbeiter zu mir gekommen sind und gesagt haben: »Ich finde, Sie setzen mich nicht richtig ein. Ich möchte eigentlich in einem anderen Bereich arbeiten.« Sie möchten einen Job verlassen, den sie als banal empfinden, und suchen eine Stelle, von der sie sich mehr Glamour versprechen.

Es liegt dann an mir, ihnen offen zu sagen, daß wir schon Mitarbeiter haben, die in diesem betreffenden Bereich stärker als sie sind, und daß sie der Firma einen besseren Dienst erweisen, wenn sie bleiben, wo sie sind, und ihre Fähigkeiten weiter perfektionieren. Einige akzeptieren meine Meinung. Andere nicht.

Wir hatten einmal einen Manager, der viele sehr wünschenswerte Eigenschaften hatte. Er war sehr klug, gut organisiert und hatte Durchhaltevermögen. Aber er sprang sehr grob mit seinen Mitarbeitern um. Er kritisierte sie ständig und machte ihnen das Leben schwer. Nach einer gewissen Zeit suchten fast alle Unterschlupf in einem anderen Teil des Unternehmens oder verließen uns ganz. Bei mehreren Gelegenheiten versuchte ich ihm zu zeigen, daß seine groben Umgangsformen ihn selbst und das Unternehmen teuer zu stehen kamen. Aber er weigerte sich, mir zu glauben – oder zumindest weigerte er sich, sich zu verändern.

Meiner Erfahrung nach sind die erfolgreichsten Leute diejenigen, die ihre Fähigkeiten am ehrlichsten beurteilen. Sie täuschen sich über ihre Schwächen nicht hinweg. Und sie überprüfen ihr Selbstbild häufig, indem sie andere auffordern, ihnen ihre Meinung zu sagen.

Mir hat der Spruch immer gut gefallen: »Am meisten erfährt man über die Menschen, indem man sie dabei beobachtet, wie sie sich verhalten, wenn man ihnen etwas umsonst anbietet.«

Meiner Meinung nach erfährt man noch mehr über Menschen, wenn man beobachtet, wie sie auf Kritik reagieren.

Fragen Sie sich selbst: Wie reagieren Sie, wenn jemand, dem Sie vertrauen, Ihnen einen aufrichtigen, aber schwierig zu schluckenden Rat erteilt? Sie haben mehrere Möglichkeiten.

Die eine ist *Neugierde:* Sie versuchen, den Rat zu überprüfen, indem Sie eine zweite oder dritte Meinung einholen.

Dann gibt es die *Skepsis:* Sie legen die Kritik im Hinterkopf ab, um sich damit zu beschäftigen, wenn Sie in besserer Form sind und sie akzeptieren können.

Dann gibt es die *Verleugnung*. Sie ziehen den Schluß, daß der Rat falsch ist.

Die angemessenste Reaktion ist aber die *Dankbarkeit*. Wenn Freunde es auf sich nehmen, Ihnen die ungeschminkte Wahrheit zu sagen, sollten Sie sie umarmen, statt sie im Regen stehen zu lassen.

Kapitel 5
Die vielen Masken des Wortes »Nein«

Zum Wörtchen »Nein« fallen mir die folgenden drei Aussagen ein:
- Es ist so eindeutig wie kein anderes Wort. Deshalb sagt man auch: »Nein heißt nein«. Es gibt keine andere Möglichkeit, sich noch klarer auszudrücken.
- Dieses Wort zu sagen, fällt vielen Menschen sehr schwer.
- Es zu akzeptieren, fällt ihnen noch schwerer.

Das Problem mit dem »Nein« besteht darin, daß es so schroff und eindeutig, so brüsk in seiner klaren Ablehnung ist, daß viele Menschen nicht damit umgehen können. Sie wissen nicht, wie sie es richtig vermitteln sollen. Sie sagen »Nein«, wenn sie eigentlich »Vielleicht« meinen. Sie sagen »Vielleicht«, wenn sie in Wahrheit »Nein« denken. Sie glauben, daß ein »Nein« zu verletzend ist, und reden deshalb um den heißen Brei herum, so lange es geht. Und wenn schon die »Nein-Sager« so viele Probleme mit dem Wort haben, verwundert es nicht, daß diejenigen, die es hören, auch nicht damit umgehen können.

Ich habe das »Nein« immer als das wichtigste Wort im Vokabular einer Führungskraft betrachtet. Ich mußte selbst erst mühsam lernen, daß die Unfähigkeit, »Nein« zu sagen, mehr Geld kosten kann, als man mit einem »Ja« jemals verdienen kann. Bei anstehenden Entscheidungen tue ich alles, was in meiner Macht steht, um »Nein« zu sagen, bevor ich mich zu einem »Ja« durchringe. Im

Lauf der Zeit habe ich einige Methoden entdeckt, die es einem selbst einfacher machen, »Nein« zu sagen, und anderen helfen, es zu akzeptieren.

1. Ein »Nein« bedeutet keine persönliche Konfrontation

Im wesentlichen dient das »Nein« dazu, anderen Menschen eine Absage zu erteilen, wenn sie eine Bitte an uns richten, die wir nicht erfüllen wollen. Es liegt an jedem einzelnen, zu entscheiden, wie höflich oder feindselig er seine Ablehnung formuliert.

Manche Menschen verwenden das »Nein« jedoch auch als Machtdemonstration. Sie genießen es, »Nein« zu sagen, weil sie glauben, so ihre Überlegenheit demonstrieren zu können. Sie bauen eine Kampfsituation auf, die von vornherein zu ihren Gunsten entschieden ist. Leider funktioniert diese Methode nicht sehr lange, weil sie sich herumspricht. Irgendwann gibt es niemanden mehr, zu dem sie »Nein« sagen könnten.

Vor einigen Jahren bot sich einem Freund aus der Unterhaltungsbranche die Chance, einen großen Entertainer zu vertreten. Als er Erkundigungen über ihn einzog, fand er heraus, daß der Künstler als sehr schwierig galt und sich schon mit vielen Kollegen in der Branche überworfen hatte. Das Problem war, daß er jede künstlerische Entscheidung in eine Konfrontation verwandelte. »Nein, ich arbeite mit diesem Direktor nicht zusammen«, sagte er, oder: »Nein, so gefällt mir das Set nicht.« Ich bin sicher, daß es ihm zum Teil auch um seine künstlerischen Vorstellungen ging, aber die meisten Situationen waren letztlich nur auf die Launen und Allüren eines Tyrannen zurückzuführen. Zu dem Zeitpunkt, als mein Freund vor der Entscheidung stand, ihn zu vertreten, waren nur noch wenige Menschen bereit, mit ihm zusammenzuarbeiten. Auch mein Freund lehnte höflich ab.

Bezeichnenderweise kenne ich im Sport ebenso wie in den darstellenden Künsten viele Stars, denen es hervorragend gelingt, Ablehnung auszudrücken und ihre Vorstellungen durchzusetzen, ohne andere permanent vor den Kopf zu stoßen. Sie achten darauf, daß niemand das Gesicht verliert, wenn sie »Nein« sagen. Sie machen keine Konfrontation daraus. Wenn sie jemandem einen Korb geben, dann bringen sie gleichzeitig ihr Bedauern zum Ausdruck: »Ich würde Ihnen wirklich gerne helfen, aber es ist ein denkbar ungünstiger Zeitpunkt für mich. Ich fürchte, ich muß Ihnen eine Absage erteilen.« Sie lassen sich zu nichts zwingen, nehmen dem »Nein« aber auch seinen Stachel.

2. Jedes »Nein« will begründet sein

Am gefährlichsten ist ein »Nein«, wenn Sie es nicht begründen. Das folgende Gespräch zwischen Eltern und Kind dürfte jedem bekannt vorkommen:

Das Kind bittet die Eltern darum, etwas tun zu dürfen.
Die Eltern sagen: »Nein.«
Das Kind fragt nach dem Grund.
Die Eltern nennen einen bestimmten Grund.
Das Kind fragt nochmals, warum es nicht darf.
Die Eltern gehen näher auf den Grund ein.
Das Kind fragt unbeirrt noch einmal, warum es nicht darf.
Die Eltern explodieren mit der brillanten Antwort:
»Weil wir das sagen!«

Hier findet eine gesunde Auseinandersetzung statt. Zwischen dem ersten »Nein« und dem letzten verzweifelten »Weil wir das sagen!« hat das Kind den Eltern eine Erklärung abgerungen. Diese mag dem Kind nicht gefallen, aber es kennt wenigstens die Gründe.

Im Geschäftsleben ist das nicht immer so. Nicht alle Vorgesetzten haben die Geduld, die Zeit oder die kommunikativen Fähigkeiten, ihrem Gegenüber die Gründe für ein definitives »Nein« zu erläutern. Aber genau das sollten sie tun. Gleichzeitig verfügen nicht alle Mitarbeiter über das nötige Selbstbewußtsein, um auf einer solchen Erklärung zu bestehen, obwohl auch dies zu empfehlen wäre.

3. »Nein« bedeutet manchmal »Ja«

Wenn Sie ein »Nein« nicht begründen, besteht die Gefahr, daß man es Ihnen gar nicht abnimmt. In vielen Situationen wird ein nicht näher erklärtes »Nein« als »Vielleicht« interpretiert – was bedeutet, daß man Sie unbeirrt weiter um ein »Ja« bittet. Dies ist sicher keine empfehlenswerte Methode, Entscheidungen zu treffen oder Menschen zu führen.

Hier lag einer der Vorzüge der Zusammenarbeit mit Arnold Palmer. Er gab mir immer unzweideutige Antworten. Wenn ich von einem Angebot erzählte, an einem Dienstag im Oktober an einem Golfturnier teilzunehmen, er aber nicht spielen wollte, dann sagte er mir das ohne Umschweife. Er lehnte dann klipp und klar ab und nannte mir auch einen triftigen Grund dafür, etwa: »Ich brauche mehr Zeit zum Trainieren«, oder: »Ich möchte mich mal zu Hause entspannen«. Wenn er einmal eine Entscheidung getroffen hatte, blieb er auch dabei. Im Geschäftsleben ist dies ein wahrer Luxus. Mir ist es viel lieber, wenn ein Klient sofort »Nein« sagt (selbst wenn mir dann ein schöner Gewinn entgeht), als mich hinzuhalten und auf ein »Ja« hoffen zu lassen. Nach einem definitiven Nein habe ich wenigstens den Kopf wieder für andere Geschäfte frei. Mit einem »Vielleicht« dagegen verurteilt man mich zur Untätigkeit.

4. Nehmen Sie sich genügend Zeit, um »Nein« zu sagen

Eine Polizeichefin in Massachusetts sagte mir einmal, daß es ihr nie etwas ausmachte, sich mit der Bitte um zusätzliche Geldmittel an den Gouverneur des Bundesstaates, Michael Dukakis, zu wenden, auch wenn sie wußte, daß ihr Anliegen keine Chance hatte.

Der Grund war folgender: »Er nahm sich Zeit, bevor er mir die Absage erteilte. Er hörte mir zu und ließ mich ausreden. Erst dann erläuterte er seine Situation. Er beteuerte, daß ihm die Hände durch die Legislative gebunden seien, daß nur begrenzte Mittel zur Verfügung stünden und daß er mir nicht helfen könnte, auch wenn er das wollte. Wenn dann das endgültige ›Nein‹ gefallen war, hatte ich schon mehr Mitleid mit ihm als mit mir.«

Hier liegt die eigentliche Kunst des Nein-Sagens. Ihr »Nein« ist nicht verletzend, wenn Sie sich die Zeit nehmen, vorher Ihrem Gegenüber zuzuhören. Ein solches »Nein« wirkt vielleicht nicht ganz so entschlußfreudig wie ein sofortiges »Nein«, ist aber für die Gegenseite leichter zu akzeptieren. Damit gewinnt es wieder an Autorität.

Keine Nachrichten sind *schlechte* Nachrichten

In einer Mitarbeiterbesprechung fragte einmal ein Topmanager einen Mitarbeiter, wann wir mit einer Antwort auf einen Vorschlag rechnen könnten, den wir einem wichtigen Klienten unterbreitet hatten. Es handelte sich um einen detaillierten Vorschlag, der auf Bitte des Klienten ausgearbeitet worden war, und wir warteten seit Wochen auf seine Antwort.

»In ein paar Tagen wird er Bescheid geben«, versicherte der Mitarbeiter.

Dann unternahm er noch den vergeblichen Versuch, der Situation einen positiven Anstrich zu verleihen: »Zumindest hat er noch nicht abgesagt. Keine Nachrichten sind gute Nachrichten.«

Der Manager explodierte: »Da irren Sie sich! Wenn der Klient interessiert wäre, hätte er uns das längst wissen lassen. Entweder gefällt ihm der Vorschlag nicht, oder er ist noch sehr unentschlossen, oder er traut sich nicht, uns einen Korb zu geben, nachdem wir so viel Arbeit hineingesteckt haben, oder er will uns nur blokkieren, damit wir unsere Ideen niemand anderem vorschlagen. Aber eins steht fest: Keine Nachrichten sind *schlechte* Nachrichten.«

Damit hatte er nicht ganz unrecht. Schweigen ist selten ein gutes Zeichen, denn positive Nachrichten gibt jeder gerne weiter. Der Klient hätte uns sicher nicht warten lassen, wenn die Antwort gelautet hätte: »Ja, wir finden Ihren Vorschlag fantastisch und akzeptieren ihn.« Für beide Seiten wäre diese Mitteilung eine angenehme Erfahrung gewesen.

Dagegen reißt sich kaum jemand darum, schlechte Nachrichten zu überbringen. Jemandem »Nein« zu sagen ist per definitionem eine negative Erfahrung. Es bedeutet, daß Sie diesen Jemand zurückweisen. Es brandmarkt Sie als Quelle, die bei diesem Jemand Enttäuschung hervorruft. Er muß oft sogar damit rechnen, in eine Konfrontation hineingezogen zu werden, der er lieber aus dem Weg geht. Da ist es kein Wunder, wenn jemand lieber den Kopf in den Sand steckt, als »Nein« zu sagen.

Paradoxerweise würde es sich auf die Welt im allgemeinen und auf das Geschäftsleben im besonderen ungemein positiv auswirken, wenn schlechte Nachrichten so offen und schnell wie die guten Neuigkeiten weitergeleitet würden. Unzählige Mißverständnisse und Konflikte könnten vermieden werden.

Meiner Erfahrung nach spielt es dabei keine Rolle, ob Sie das »Nein« aussprechen oder es entgegennehmen müssen. In beiden Fällen sollten Sie sich sofort damit auseinandersetzen, anstatt den Kopf einzuziehen und dem Problem auszuweichen.

Dabei ist es eine Hilfe, wenn Sie sich zunächst einmal zwei der wichtigsten Gründe dafür bewußt machen, warum die Menschen ungern »Nein« sagen.

Der wichtigste Grund dürfte wohl der sein, daß sie befürchten, als unkooperativ oder gar feindselig zu gelten.

So ist meine Frau Betsy die netteste Person, die ich kenne. Sie bringt es nicht übers Herz, jemandem einen Korb zu geben, wenn sie glaubt, damit seine Gefühle zu verletzen. Diese Eigenschaft wird etwas verkompliziert durch die Tatsache, daß sie seit 20 Jahren Profitennisspielerin sowie Sportmoderatorin bei den Kanälen ESPN und ABC ist. Mit anderen Worten: Sie ist viel herumgekommen und kennt viele Leute in der Tennisszene. Folglich gibt es viele Gelegenheiten, bei denen sie um einen Gefallen gebeten wird.

Nehmen wir an, daß sie von einem Verein gebeten wird, einen Vortrag in einer High School zu halten oder eine Tennisfreizeit durchzuführen, was häufig geäußerte Bitten sind. Wenn sie die

Veranstaltungen in ihrem Terminplan unterbringen kann, sagt sie gerne zu. Daran ist nichts verkehrt. Stehen die Chancen einer Zusage nur 50 zu 50, dann weist sie darauf hin, bemüht sich aber nach Kräften, die Bitte erfüllen zu können. Auch gegen ein solches »definitives Vielleicht« ist nichts einzuwenden.

Die Probleme fangen aber dann an, wenn sie fast sicher weiß, daß sie den Termin nicht unterbringen kann. Anstatt die Situation mit einem definitiven »Nein« zu lösen, zögert sie die Entscheidung so lange hinaus, wie auch nur die winzigste Chance besteht, den Termin doch noch wahrnehmen zu können. Dieser Wunsch, anderen entgegenzukommen, ist zwar bewundernswert, aber oft entsteht daraus mehr Schaden als Nutzen. Während die andere Seite nämlich auf Betsys Antwort wartet, kümmert sie sich nicht um Alternativen. Vielleicht nimmt sie sogar an, daß meine Frau mehr oder weniger zugesagt hat, da sie ja kein »Nein« verlauten ließ. Schafft Betsy den Termin dann letztlich doch nicht, ist die Enttäuschung bei den Organisatoren groß, und zu allem Überfluß stehen sie nun unter Zeitdruck bei der Suche nach einem Ersatz. Beide Seiten wären entschieden besser bedient gewesen, wenn Betsy die Situation sofort geklärt hätte.

Ungeklärte Grauzonen sind ein anderer wichtiger Grund, warum viele Menschen zögern, jemandem eine Abfuhr zu erteilen. Sie leben lieber mit den Grauzonen, vor allem, wenn sich das zu ihrem Vorteil auswirkt.

Eine Geschäftsfrau aus meinem Bekanntenkreis, die eine kleine Beratungsfirma leitet, erzählte mir einmal eine Begebenheit, die klar demonstrierte, daß »keine Nachrichten schlechte Nachrichten« sind. Sie war von ihrem wichtigsten Klienten gebeten worden, anläßlich der Jahreshauptversammlung seines Unternehmens einen Vortrag zu halten. Es wurde vereinbart, daß ihr Honorar auf der Basis ihres üblichen Tagessatzes von 4000 Dollar berechnet würde. Darüber gab es keinerlei Auseinandersetzungen, da der Klient es gewohnt war, sie nach Zeitaufwand zu bezahlen. Aber für einen einstündigen Vortrag benötigt man auch Vorbereitungszeit. Sie teilte deshalb ihrem Ansprechpartner, dem Leiter für Kommunikationsangelegenheiten, mit, daß sie dafür einen halben

Tagessatz für angemessen halte. Dieser äußerte sich nicht dazu, sondern ließ die Forderung einfach im Raum stehen.

Nach dem Vortrag, der ein großer Erfolg gewesen war, stellte die Geschäftsfrau ihrem Klienten 6000 Dollar in Rechnung – 4000 Dollar Tagessatz und 2000 Dollar für die Vorbereitung. Sie erhielt umgehend einen Scheck über 4000 Dollar. Als sie ihren Ansprechpartner anrief, spielte er den Unwissenden und sagte: »Ich werde das überprüfen.« Nichts geschah. Sie rief wieder an und erhielt dieselbe lahme Entschuldigung. Dies zog sich über Wochen hin.

Schließlich setzte sie sich über den Leiter für Kommunikationsangelegenheiten hinweg und wandte sich an den CEO. Dieser bezahlte die Rechnung sofort, was eine Menge darüber aussagt, warum er der CEO ist und der Kommunikationsbeauftragte nicht.

Aber diese Frau lernte auch eine wichtige Lektion über die Risiken von Grauzonen in einer Geschäftsbeziehung.

»Mein erster Fehler«, sagte sie später, »war der, daß ich die 2000 Dollar nicht ausdrücklich vereinbarte, als ich sie zum ersten Mal erwähnte. Ich hätte den Kommunikationsleiter um eine mündliche Zustimmung und dann um eine schriftliche Bestätigung bitten sollen. Insofern trifft mich ebensoviel Schuld wie ihn. Mein zweiter Fehler war der, daß ich falsch reagierte, nachdem er meine erste Nachfrage ›überprüfen‹ wollte, denn eigentlich hatte er mir damit schon ›Nein‹ gesagt.«

Es gibt zahllose andere Situationen im Geschäftsleben, in denen sich Grauzonen in schwarze Löcher verwandeln, weil niemand den Mumm hat, sie sofort anzusprechen.

Manch eine Verhandlung mag an allen Fronten reibungslos verlaufen, aber wenn es eine heikle Frage gibt, um deren Klärung sich die andere Seite regelmäßig drückt, sollten Sie auf der Hut sein. Sie können damit rechnen, daß sich wegen dieses Knackpunkts am Schluß alle anschreien und der Deal vielleicht sogar daran scheitert.

Ebenso verhält es sich mit einem Verkauf, der bis zur Vertragsunterzeichnung problemlos vonstatten ging. Wenn vage Versprechungen (etwa Lieferung am nächsten Tag, freier technischer Support oder fünf Prozent Skonto) gemacht wurden, ohne explizit bestätigt zu werden, dann können Sie sicher sein, daß der Käufer sich besser daran erinnert als der Verkäufer.

Denken Sie daran: Wenn Ihr Gegenüber – ob Kunde, Anbieter, Chef oder Kollege – sich wiederholt weigert, über eine bestimmte Frage zu sprechen, gibt es nur eine Möglichkeit, das Schweigen zu deuten. Es bedeutet schlechte Nachrichten für alle Beteiligten.

Hören Sie oft Zustimmung, wo eigentlich Ablehnung gemeint ist?

Ich bewundere Menschen, die »Nein« sagen können, auch wenn ich selbst der Empfänger dieser Botschaft bin. Ein klares »Nein« sagt mir wenigstens, wo ich stehe. Ich höre viel lieber eine definitive Ablehnung, weil ich mich dann mit anderen Dingen beschäftigen kann, als ein »Vielleicht«, das mich nur aufhält.

Leider beherrscht nicht jeder die Fähigkeit, »Nein« zu sagen. Es handelt sich nun einmal um eine unangenehme Angelegenheit. Oft enttäuschen Sie jemanden, der sich etwas von Ihnen erhofft.

Deshalb gibt es so viele Ausweichmanöver, mit denen man sich um das offene »Nein« drückt. Man fängt an, über Belanglosigkeiten zu plaudern, verspricht: »Ich komme darauf zurück«, oder sagt: »Lassen Sie mich darüber nachdenken.« Letztlich geht es nur darum, Zeit zu gewinnen, bis der andere – und mit ihm sein Problem – verschwunden ist.

Im Geschäftsleben gibt es zwei Arten von Menschen, die regelmäßig »Nein« sagen müssen. Das sind Ihre Kunden und Ihre Kollegen. Paradoxerweise sollten Sie sich mehr Gedanken über Ihre Kollegen machen.

Die Kunden haben nämlich im allgemeinen keine Probleme damit, Ihnen eine Abfuhr zu erteilen. Das ist ihr Job, und sie wissen, daß Sie manchmal damit rechnen.

Kollegen dagegen sind meist alles andere als offen. Schließlich müssen sie tagein tagaus miteinander zurechtkommen. Normalerweise bittet man Kollegen nicht um so konkrete Dinge wie Geld, und man kann ihnen im Gegenzug auch kein Produkt oder eine Dienstleistung anbieten. Meistens bittet man Kollegen um Hilfe oder um Zeit. Das sind sehr vage Anliegen, die meist auch mit einem sehr vagen »Nein« beantwortet werden. Die folgenden vier Methoden, um sich aus der Affäre zu ziehen, sind unter Kollegen sehr verbreitet:

1. Wohlwollendes Vergessen

Am häufigsten wird ein »Nein« in Form des »wohlwollenden Vergessens« vermittelt. Ein Kollege verspricht: »Ja, ich helfe Ihnen«, unternimmt dann jedoch nichts. Er hat gar nicht die Absicht, sein Versprechen zu erfüllen, und wiegt sich in der Zuversicht, daß Sie seine Hilfe irgendwann schon nicht mehr brauchen werden, wenn er nur lange genug wartet. Sein Ziel lautet, kooperativ zu erscheinen, ohne es zu sein.

Der Schlüssel dazu, dieses versteckte »Nein« in ein »Ja« zu verwandeln, besteht darin, mit leichten Aufgaben und kurzen Fristen zu beginnen. Wenn Sie einfache Bitten haben, ist die Wahrscheinlichkeit höher, daß Ihre Kollegen sie erfüllen. Wenn Sie ihnen sagen, daß Sie einen Bericht am nächsten Tag brauchen, erfahren Sie innerhalb von 24 Stunden, wie kooperativ sie sind.

2. Unwissen vortäuschen

Manche Kollegen entziehen sich Ihrer Bitte, indem sie mit dem Satz: »Ich würde gerne, aber ich weiß nicht, wie« abblocken. Sie machen lieber selbst einen schlechten Eindruck, als Ihnen dabei zu helfen, einen guten Eindruck zu erzielen. Versuchen Sie erst gar nicht, ihnen auf die Sprünge zu helfen. Es wäre pure Zeitverschwendung.

3. Allwissenheit vortäuschen

Dies ist die entgegengesetzte Strategie. Die Kollegen sagen nicht: »Ich weiß nicht, wie«, sondern: »Ich brauche mehr Informationen.« Sie bombardieren Sie so lange mit Fragen, bis Sie keine Antworten mehr haben. Dann haben sie einen Vorwand, sich aus dem Staub zu machen, während Sie an Ihrem Schreibtisch noch einmal über Ihre Bitte nachgrübeln.

4. Sich auf eine höhere Autorität berufen

Manche Kollegen sind auf die Strategie verfallen, Bitten mit dem Satz zu beantworten: »Ich will das zuerst mit meinem Chef absprechen.« Damit aber verlagern sie nur den Ort, an dem das schon sichere »Nein« ausgesprochen wird. Der schwarze Peter wird einfach nur an einen Dritten – den Chef – weitergereicht. Warten Sie erst gar nicht, bis er Ihnen Bescheid gibt.

Ich will mit diesen Ausführungen nicht sagen, daß es in Unternehmen von Blendern nur so wimmelt, die ihre Sternstunden dann haben, wenn es um das Erfinden von Ausreden geht. Vielmehr trifft das Gegenteil zu. Die meisten Menschen sind von Natur aus kooperativ – so kooperativ, daß sie auch dann noch versuchen zu helfen, wenn es gar nicht in ihrer Macht steht. Üben Sie sich darin, die ausgesandten Signale Ihrer Kollegen richtig zu deuten, dann werden Sie auch selten enttäuscht. Sie ersparen sich sinnlosen Ärger und brauchen nur selten verlorene Zeit aufzuholen.

Kapitel 6
Das persönliche Gespräch

Neun Wege, um Auseinandersetzungen für sich zu entscheiden

Wir alle kennen Menschen, die Auseinandersetzungen lieben. Ob sie im Recht oder im Unrecht sind (und vor allem im letzteren Fall) – irgendwie schaffen sie es meist, sich durchzusetzen. Meist haben sie ein lauteres Organ, den längeren Atem oder einen stärkeren Willen.

Aber täuschen Sie sich nicht. Auseinandersetzungen zu gewinnen bedeutet nicht immer, am lautesten schreien zu können oder kompromißlos zu sein. Diejenigen Menschen, die viele Auseinandersetzungen für sich entscheiden können, wenden meist sehr kluge Strategien an, um ihre Gegner ins Hintertreffen geraten zu lassen. Wenn Sie regelmäßig als Verlierer aus Diskussionen hervorgehen, in denen Sie eigentlich siegen sollten, dann wenden Sie die folgenden neun Taktiken an, um Ihre Erfolgsquote zu verbessern. Zumindest können Sie sich davor schützen, daß diese Taktiken gegen Sie verwandt werden.

1. Formulieren Sie die Prämisse um

Es gibt keine einfachere Möglichkeit, um die Kontrolle über eine Diskussion an sich zu reißen, als die Prämisse des Gegners umzuformulieren. Sie erkennen diese Methode daran, daß Ihr Gegenspieler antwortet: »Sie wollen mir also sagen…« Im Anschluß daran gibt er all Ihre bisherigen Aussagen falsch oder verzerrt wieder. In einem solchen Fall sollten Sie sofort korrigieren: »Das habe ich überhaupt nicht gesagt.«

2. Stecken Sie die Argumente des Gegners in Schubladen

Sortieren Sie den Standpunkt Ihres Gegners in eine Kategorie ein, die nicht das beste Image hat. Damit lassen Sie all seine Äußerungen in einem negativen Licht erscheinen. Wenn Sie beispielsweise mit einem Mitarbeiter diskutieren, der vorschlägt, daß jeder Unternehmensangehörige zu gleichen Teilen an einem Gewinnbeteiligungsprogramm partizipieren solle, können Sie ihm erwidern: »Das ist Kommunismus.«

Vorgesetzte greifen oft auf eine Variante dieser Technik zurück, wenn ihre Mitarbeiter versuchen, über bestimmte Fragen eine allgemeine Abstimmung durchzuführen. Ein kluger Chef verhindert dies, indem er einfach erklärt: »Dies ist keine Demokratie.«

3. Erinnern Sie an ein Fiasko der Vergangenheit

Neue Ideen können relativ einfach abgewürgt werden, indem man sagt, daß es sich erstens um einen alten Hut handelt und daß zweitens das Ganze schon einmal mit einer Katastrophe endete. Wenn Sie beispielsweise eine neue Marketingidee für Coca-Cola haben, könnte ein Gegner des Vorschlags sagen: »Das hat Pepsi vor fünf Jahren schon einmal versucht und ist gescheitert.«

Die gute Nachricht ist die, daß es relativ leicht ist, sich gegen diese Taktik zu wehren. Sie brauchen nur darauf hinzuweisen, daß infolge der Marktveränderungen der letzten fünf Jahre eine völlig neue Situation entstanden ist, in der man auf eine solche Idee nur wartet.

4. Bitten Sie um Beweise

Wer nicht prüde in der Wahl der Mittel ist, versucht oft, Auseinandersetzungen für sich zu entscheiden, indem er blufft. Wenn Sie wissen, daß Ihr Gegenüber die Fakten falsch wiedergibt, sollten Sie sich das nicht gefallen lassen.

Ihr Kontrahent behauptet etwa: »1991 hatten wir in der Abteilung XYZ eine Ausgabensteigerung von 30 Prozent.« Wenn Sie den Verdacht haben, daß diese Zahl übertrieben ist, bitten Sie ihn um Beweise. Das ist keineswegs unhöflich. Wenn Ihr Gegenüber recht hatte, hat er nichts gewonnen. Erweisen sich jedoch seine Angaben als falsch, haben Sie erreicht, daß alle seine folgenden Ausführungen zwielichtig erscheinen werden.

5. Stimmen Sie im Grundsatz zu, aber bestreiten Sie die Details

Jeder hört immer gerne das, was er hören möchte. Wenn Sie also Ihrem Gegner sagen: »Im Grundsatz stimme ich Ihnen zu«, dann hört er daraus vielleicht tatsächlich Zustimmung heraus. Wenn Sie dann dazu übergehen, Ihre Einwände zu erläutern oder seine Argumente Punkt für Punkt zu zerlegen, haben seine Aufmerksamkeit und Konzentration schon nachgelassen.

Jemandem im Grundsatz recht zu geben, ist auch eine beliebte Verzögerungstaktik. Denn wenn sich Gesprächspartner im Grundsatz einig sind, versäumen sie es oft, die Details zu klären. Der Gewinner ist in diesem Fall die Partei, die davon profitiert, wenn die Angelegenheit ungeklärt bleibt. Wenn Sie beispielsweise Ihren Chef um eine Budgeterhöhung für Ihre Abteilung bitten, stimmt er vielleicht im Grundsatz zu. Sie verlassen sein Büro in Hochstimmung. Aber wenn Sie die Details nicht klären – ihn also nicht auf eine Zahl festnageln –, haben Sie nichts gewonnen.

6. Unterbrechen Sie Ihren Gegner

Dies ist eine dreiste, aber weithin unterschätzte List, weil die meisten Menschen höflich sind und ihrem Gegner eine faire Chance geben wollen, seinen Standpunkt zu vertreten. Aber jemanden zu unterbrechen ist eine großartige Methode, um den Gegner abzulenken, vor allem, wenn man weiß, daß er eigentlich die besseren Karten hat.

Wenn Sie nun einwenden, daß dies ein sehr unfairer Trick sei, dann achten Sie einmal darauf, wie oft Sie in der nächsten Auseinandersetzung unterbrochen werden. Diese Taktik ist verbreiteter, als Sie denken.

7. Akzeptieren Sie nichts

In fast allen Auseinandersetzungen sind sich die Gesprächspartner über bestimmte Grundvoraussetzungen einig. Auf dieser gemeinsamen Basis wird dann die Auseinandersetzung ausgefochten. Ein guter Streiter stellt jedoch auch dieses Fundament in Frage. Er akzeptiert erst einmal gar nichts.

Nehmen wir an, daß Sie ein Gespräch mit der Aussage eröffnen: »Wir sind uns alle einig, daß wir die Ausgaben um 25 Prozent senken müssen.« Ein gewiefter Widersacher würde diese Eingangsprämisse sofort bestreiten: »Ich stimme nicht zu. Wenn alle anderen die Ausgaben senken, sollten wir sie erhöhen.« Damit hat er die Diskussion in eine neue Richtung gelenkt. Er hat die Auseinandersetzung noch längst nicht für sich entschieden. Aber er hat alle Anwesenden so abgelenkt, daß es Ihnen vielleicht nie gelingt, die notwendigen Ausgabenkürzungen zu beschließen.

8. Ziehen Sie die Motive Ihres Gegners in Zweifel

Auch wenn Ihr Gegner absolut legitime Gründe für seine Position haben mag, können Sie seine Überzeugungskraft abschwächen, indem Sie seine Motive in Zweifel ziehen.

Nehmen wir an, daß Ihr größter Widersacher in der Firma vorschlägt, das New Yorker Büro nach New Jersey zu verlegen, wo die Büromieten und die Steuersätze niedriger sind. Wenn Sie ein Gegner des Umzugs sind, könnten Sie fragen: »Sind Sie sicher, daß Sie den Umzug nicht deshalb wollen, weil Sie ganz in der Nähe wohnen und Ihr Arbeitsweg dann erheblich kürzer würde?« Wenn Sie suggerieren, daß er den Umzug hauptsächlich aus egoistischen Gründen befürwortet, sind die günstigeren Büromieten und niedrigeren Steuern nicht mehr so wichtig.

9. Lassen Sie andere für sich sprechen

Diese Taktik wende ich besonders gerne an, wenn ich eine offene Konfrontation voraussahne. Dazu wende ich mich während einer Auseinandersetzung an einen Kollegen: »Nun wollen wir doch mal hören, was Joe dazu zu sagen hat.« Durch die Einbeziehung eines Dritten habe ich nicht nur den Streit entpersonalisiert (es handelt sich nicht mehr um ein Duell zwischen zwei Egos), sondern auch meine Position gefestigt, indem ich demonstriert habe, daß ich von anderen unterstützt werde.

Natürlich sollten Sie vorher genau wissen, wer Ihre Verbündeten sind und was sie vorhaben.

Die Witze des Chefs sind immer gut – auch wenn sie schlecht sind

Ich versuche immer, die Machtspiele genau zu verfolgen, die auf allen Ebenen des Geschäftslebens gespielt werden. Dabei beobachte ich immer wieder neue raffinierte Schachzüge, wie man sich einen Vorsprung vor Gegnern, Rivalen und Kollegen verschafft. Aber erst ein langjähriger Freund öffnete mir die Augen für einen völlig neuen Machtindikator.

Dieser Mann ist ein sehr erfolgreicher Unternehmer im Unterhaltungsgeschäft. Außerhalb dieser Branche ist er nicht unbedingt bekannt, was ihm sehr recht ist. Trotzdem übt er einen beträchtlichen Einfluß auf die amerikanische Kultur aus. Er ist reich und schon seit langem sein eigener Chef, woraus man schließen kann, daß er an die Art der Ehrerbietung gewohnt und sich ihrer bewußt ist, die normalerweise großen Industriebossen, Staatsoberhäuptern und Legenden reserviert ist.

Seine größte Fähigkeit ist vielleicht die, Talente zu finden und zu entwickeln.

Er erzählte mir von seinen ersten Jahren im Geschäft, als er gerade einen jungen Künstler entdeckt hatte. Er widmete der Betreuung dieses Künstlers sehr viel Zeit und besprach dessen Karriere mit ihm und seiner Familie. Der Künstler war ihm dafür sehr dankbar. Er verehrte meinen Freund geradezu, und jedes Wort aus seinem Munde war ihm heilig. Er befolgte die Ratschläge meines Freundes, traf ihn, wann immer er den Wunsch dazu äußerte, hörte seinen Anekdötchen zu und lachte über seine Witze.

Die Jahre vergingen, und der Künstler wurde ein sehr großer Star.

Vor kurzem hatte mein Freund Gelegenheit, gemeinsam mit seiner Frau einige Zeit mit seinem ehemaligen Schützling zu verbringen. Bei wiederholten Einladungen zum Abendessen im größeren Kreis kam er nicht umhin zu bemerken, wie der Star die Kontrolle über das Tischgespräch übernahm. Er ließ einen unaufhörlichen Strom von Anekdoten aus dem Showbusineß vom Stapel und plauderte aus dem Nähkästchen.

Der Merkwürdige daran war, daß mein Freund und seine Frau sich verpflichtet fühlten, über seine Erzählungen zu lachen, obwohl sie oft nicht besonders lustig waren.

»Man überschreitet eine interessante Grenze, wenn man mit jemandem am Tisch sitzt, der einmal über deine Witze lachte, und nun mußt du über die seinen lachen«, sagte er später.

Meiner Meinung nach verlaufen in fast jeder geschäftlichen oder gesellschaftlichen Beziehung unsichtbare, aber klare Machtgrenzen. Wer sie ignoriert, tut dies auf eigenes Risiko.

Ich habe das schon vor vielen Jahren festgestellt, als ich anfing,

Das persönliche Gespräch

Arnold Palmer und Gary Player zu vertreten. Wenn ich mit Arnold oder Gary unterwegs war, ob bei einer geschäftlichen Besprechung, auf dem Golfplatz oder bei einer Cocktailparty, standen sie im Mittelpunkt, während ich den unterstützenden Part spielte. Dies war zum Teil meiner relativen Jugend und ihrer unangefochtenen Berühmtheit als Sportler zuzuschreiben. Aber mittlerweile bin ich kein Anfänger mehr, und trotzdem hat sich das Grundmuster nicht sehr geändert. Ich trete hinter meinen Klienten immer noch zurück. Das gehört zu meinem Job.

Allerdings stelle ich heute fest, daß sich die Vorzeichen in meiner Rolle als CEO umgekehrt haben, was die unsichtbaren Machtgrenzen zwischen mir und meinen Untergebenen angeht. Vermutlich haben unsere Mitarbeiter das Gefühl, sie müßten über meine Witze lachen, auch wenn sie nicht lustig sind. Diese Dynamik zwischen Vorgesetztem und Untergebenen betrifft auch die unteren Ebenen der Befehlskette.

Wie kann man sich nun diese zwischenmenschliche Dynamik im Geschäftsleben zunutze machen?

Zum einen sollten Sie wissen, daß man von Ihnen oft erwartet, die Konversation in die Hand zu nehmen, wenn Sie den dominierenden Part in einer Geschäftsbeziehung spielen. Diese Erwartung ist einfach mit Ihrer Position verknüpft. Wenn Sie oder Ihre Mitarbeiter sich dessen nicht bewußt sind, kann es zu wahren Katastrophen kommen.

Vor einigen Jahren nahm ich drei Kollegen mit, um den Chairman eines Unternehmens zu besuchen, mit dem wir sehr gern ins Geschäft gekommen wären. Vielleicht hätte das Meeting besser unter vier Augen mit mir und dem Chairman stattgefunden. Aber wir hatten uns schon verschiedentlich getroffen, und ich wollte ihm nun einige unserer Experten vorstellen. Zwei der Kollegen waren schon seit zwanzig Jahren im Unternehmen und wußten, wie ich bei solchen Besuchen vorging. Der dritte allerdings war ganz neu und nahm zum ersten Mal an einem solchen Gespräch teil.

Es war ein sehr frustrierender Besuch. Der neue Kollege riß die Unterhaltung an sich. Das war nicht prinzipiell schlecht. Immerhin kennt er sich auf seinem Gebiet besser aus als ich und ist sehr wortgewandt. Aber er fand gar kein Ende mehr. Ich versuchte, Augenkontakt zu ihm aufzunehmen, in der Hoffnung, daß er auch den Chairman einmal zu Wort kommen lassen würde. Aber sobald die kleinste Pause entstand, brach er mit einem neuen Redeschwall los. Ich fand schon immer, daß der wichtigste Augenblick in einer Verhandlung dann gekommen ist, wenn die andere Seite zu Wort kommt, merkte aber bald, daß ich diesen Moment wohl nicht erleben würde.

Ich gebe zu, daß es mein Fehler war. Ich hatte stillschweigend vorausgesetzt, daß der neue Mitarbeiter wußte, wie ein Verkaufsbesuch mit dem Chef ablief.

Wenn ich in einem Raum mit drei Kollegen der Chef bin, dann ist es eindeutig meine Aufgabe, das Gespräch zu leiten, gegebenenfalls den Abschluß des Geschäfts herbeizuführen und einen guten Eindruck zu hinterlassen. Die Kontrolle muß bei mir liegen. Aber der neue Mitarbeiter kannte unser Drehbuch nicht.

Im nachhinein glaube ich, daß es besser gewesen wäre, eine »Übungssitzung« durchzuführen. Ich hätte ihm eindeutige Anweisungen erteilen müssen: »Sagen Sie nichts, wenn ich Sie nicht dazu auffordere. Wenn Ihnen jemand eine direkte Frage stellt, sollten Sie diese natürlich beantworten. Aber fassen Sie sich kurz, und überlassen Sie mir danach wieder das Wort. Wenn Sie an der Reihe sind, werde ich Ihnen das deutlich machen, indem ich frage: ›Joe, was halten Sie davon?‹, oder ankündige: ›Joe hat dazu vielleicht einige interessante Anmerkungen zu machen.‹«

Die meisten Menschen haben aber einen gesunden Instinkt für den Verlauf der Machtgrenzen in einer Besprechung oder einer Verhandlung. Wir wissen, wann wir in den Hintergrund treten müssen und wann uns das Rampenlicht gebührt. Wir senden ständig entsprechende Signale aus, etwa dadurch, welchen Platz am Konferenztisch wir wählen, wer das Gespräch eröffnet, wie lange wir reden, wen wir unterbrechen können und wen nicht. Diese Machtverhältnisse zu akzeptieren wird Ihnen niemals schaden. Sie zu mißachten, wird Ihnen aber nie etwas nützen.

Die Botschaft der Körpersprache verstehen

Was die Körpersprache angeht, bin ich immer darum bemüht, in Verkaufs- und Verhandlungsgesprächen möglichst wenig Signale auszusenden. Ein neutrales Verhalten ist immer noch die beste Art und Weise, um die andere Seite im Ungewissen darüber zu lassen, was man wirklich denkt.

Mein Problem mit der Körpersprache ist immer gewesen, daß ihre Bedeutung so unpräzise ist. Wenn ein potentieller Kunde während eines Verkaufsgesprächs mit den Fingern auf den Tisch klopft, kann das bedeuten, daß er nicht interessiert ist. Aber ganz sicher können Sie sich da nie sein. Vielleicht ist es nur ein nervöser Tick, oder es geht ihm gerade ein Lied durch den Kopf.

Ich habe es auch schon erlebt, daß sich meine Gesprächspartner in den entscheidenden Augenblicken einer Verhandlung unbewußt in das Gespräch »hineinlehnten« oder ihre Unterlagen beiseiteschoben, um mir ihre ungeteilte Aufmerksamkeit zu widmen. Aber genauso oft lehnen sich andere Leute im entscheidenden Moment im Stuhl zurück und geben sich ganz entspannt.

Ein anderes Problem besteht darin, daß die Körpersprache zwar angeblich unbewußt ist, manche Menschen sie aber bewußt einsetzen und meist alles ganz falsch machen.

Wer vor einem großen Publikum sprechen muß, hebt oft die Stimme, um die Aufmerksamkeit des Publikums zu gewinnen. Dabei könnte ein Flüstern viel effektiver sein, und es wäre für die Zuhörer angenehmer. Junge Führungskräfte reden oft schnell und treffen Entscheidungen aus der Hüfte heraus, um möglichst kompetent zu erscheinen, obwohl sie mit einem gemäßigteren Tempo einen viel besseren Eindruck machen würden.

Außerdem lehne ich die Reihenfolge ab, mit der die Körpersprache gemeinhin interpretiert wird. Die meisten Menschen gehen folgendermaßen vor: Zuerst nehmen Sie ein nonverbales Signal wahr, der potentielle Kunde beugt sich beispielsweise nach vorne. Dann ordnen sie dem Signal eine Bedeutung zu, z. B. daß sein Interesse geweckt wurde. Leider konzentrieren sie sich dann oft so darauf, diese Signale zu erkennen und zu interpretieren, daß Ihnen dabei entgeht, was ihr Gesprächspartner tatsächlich sagt.

Ich persönlich gehe lieber in der umgekehrten Reihenfolge vor. Zuerst erstelle ich im Geiste eine Checkliste der wesentlichen Botschaften, die ich von der anderen Seite während unseres Gesprächs erhalten möchte. Dann suche ich nach nonverbalen Signalen, die diese bestätigen.

Ich weiß nicht, ob dieses System immer funktioniert, aber es hat sich auf alle Fälle in Verkaufssituationen bewährt. Die Botschaften, die während eines Verkaufsgesprächs im Raum schweben, sind universell und unveränderlich. Jeder Anwesende interessiert sich für dieselben Fragen:

- Ist die andere Seite interessiert?
- Sagt sie die Wahrheit?
- Ist sie befugt, eine Entscheidung zu treffen?
- Ist sie bereit zum Abschluß?
- Mag sie mich?
- Reicht ihr Budget aus?

Die Körpersprache alleine liefert auf diese Fragen keine Antworten. So habe ich in all meinen Berufsjahren immer noch keine Methode gefunden, um an der Körpersprache der Gegenseite abzulesen, ob sie sich meinen Preis leisten kann. Es gibt keine Signale, mit denen die Höhe des Budgets signalisiert wird. Deshalb frage ich lieber direkt: »Haben Sie das erforderliche Budget dafür?«

Die Körpersprache ist in den Bereichen hilfreich, in denen man gar keine direkten Fragen stellen kann oder in denen die Gegenseite sie ohnehin nicht beantworten würde. Dies trifft auf die folgenden drei Bereiche zu.

1. Wer hat die Macht?

Sie brauchen normalerweise keine Signale der Körpersprache zu deuten, um festzustellen, wer in einem Meeting der Mächtigste ist. Wenn der CEO der Gegenseite anwesend ist, liegt die Antwort auf der Hand. Aber dann wissen Sie noch längst nicht, wer die Schützlinge des CEO sind und mit wem Sie es zu tun haben, wenn der CEO den Raum verlassen hat. Mit anderen Worten: Wer steht an zweiter Stelle?

Ich suche nach Anzeichen dafür, daß eine Person sich in Gegenwart des CEO wohl fühlt. In vielen Firmen hat der Chef eine einschüchternde Wirkung. Die Mitarbeiter benehmen sich in seiner Gegenwart nicht normal und ungezwungen. Sie sind steif, übervorsichtig und lachen zu schnell über die Witze des Chefs.

Dagegen fühlen sich die Mächtigen im Umgang miteinander sehr wohl. Sie sind entspannt. Sie nehmen eine bequeme Haltung ein, allerdings nicht so bequem, daß sie sich in den Sitzen räkeln würden. Zur Macht gehört auch, ein gewisses Maß an Würde und professioneller Haltung zu wahren. Sie sitzen so, daß der CEO sie gut sehen kann, häufig am anderen Ende des Tisches und nicht neben ihm. Sie bringen keinen Block mit, um sich Notizen zu machen.

Eine sehr wichtige Frage, um die Machtverhältnisse zu klären, ist folgende: Welche Menschen nehmen sich die Freiheit, den CEO zu unterbrechen oder ihm zu widersprechen? Und eine noch wichtigere Frage lautet: Von welchen Leuten läßt der CEO sich dies gefallen?

2. Wer sagt die Wahrheit?

Viele Menschen haben eigentlich nur ein Motiv, sich für die Körpersprache zu interessieren. Sie wollen wissen, wann man sie belügt. Dabei achten sie auf bekannte Verhaltensweisen. Ihr Gegenüber meidet den Augenkontakt, zwinkert, verdeckt den Mund beim Sprechen, zuckt mit den Schultern, senkt die Augen, befeuchtet die Lippen, schluckt häufig, räuspert sich, reibt sich das Genick, kratzt sich beim Sprechen am Kopf.

Mag sein, daß ich zu zynisch bin, aber wenn ich mit Menschen zu tun habe, die ich nicht gut kenne, unterstelle ich ihnen, daß sie mir nicht die ganze Wahrheit sagen. Damit meine ich nicht, daß sie mich belügen, sondern nur, daß sie durch das Auslassen wesentlicher Fakten das Gespräch zu ihren Gunsten beeinflussen.

Deshalb achte ich ganz besonders auf die seltenen Momente, in denen ich mir sicher sein kann, daß ich die ungeschminkte Wahrheit zu hören bekomme.

So saß ich einmal bei einem Hochzeitsempfang an einem Tisch mit einem alten Freund und dessen Frau. Ich hatte den Mann seit Jahren nicht mehr gesehen und erkundigte mich beiläufig nach seinen Geschäften. Seine Antwort klang zufrieden und optimistisch. Zehn Minuten später hörte ich, wie seine Frau ein paar Stühle weiter im Gespräch mit einer anderen Frau ein völlig anderes Bild entwarf. Sie erzählte, daß das Geschäft in der Krise stecke, daß sie Geld von ihren Eltern borgen mußten, und so weiter.

Wenn ich in diesem Augenblick schwankte, ob der Mann oder die Frau die Wahrheit sagten, wurden meine Zweifel durch die Körpersprache des Mannes eindeutig ausgeräumt. Während seine Frau redete, beobachtete ich, wie er erstarrte und ganz große Augen bekam.

Diese Signale waren zwar vielsagend, reichten für eine eindeutige Schlußfolgerung aber noch nicht aus. Dann jedoch erhob sich mein Freund, ging um den Tisch herum, zog einen Stuhl neben seine Frau und legte seinen Arm um sie. Es war eigentlich nur eine höfliche Variante der Geste, ihr die Hand auf den Mund zu legen. Da wußte ich ganz sicher, daß sie die Wahrheit sagte.

Eine vergleichbare Reaktion läßt sich auch im Geschäftsleben beobachten, wenn ein Vertreter der Gegenseite nämlich anfängt, mehr Informationen preiszugeben, als seinem Chef lieb ist.

Die nackten Zahlen – Umsätze, Gewinne, Gehälter – sind in der Regel diejenigen Details, die man am schwersten von der Gegenseite herausbekommt. Sobald ich also höre, wie jemand in einer Besprechung Zahlen verkündet, merke ich mir nicht nur diese Angaben, sondern ich sehe mir auch die anderen Personen im Raum ganz genau an. Haben sie Panik im Blick? Räuspern sie sich, oder versuchen sie durch ihre Gestik, die Aufmerksamkeit ihres geschwätzigen Kollegen auf sich lenken? Lehnen sie sich unbewußt in seine Richtung, als würden sie versuchen, ihn bei der nächsten Gelegenheit zu unterbrechen? Wenn ja, dann weiß ich, daß ich die Wahrheit höre.

3. Wann ist der günstigste Zeitpunkt
für den Abschluß gekommen?

Die beste Methode, einen Geschäftsabschluß herbeizuführen, besteht natürlich darin, direkt um den Auftrag zu bitten. Aber die Körpersprache kann wertvolle Hinweise auf das richtige Timing geben.

Zum einen ist es wichtig, nicht zu früh um den Auftrag zu bitten, sondern erst dann, wenn der potentielle Kunde vollständig überzeugt ist, daß er Ihr Produkt oder Ihren Service braucht. Meiner Erfahrung zufolge sind über der Brust verschränkte Arme das sicherste Zeichen dafür, daß dies noch nicht der Fall ist. Verschränkte Arme sind ein deutliches Zeichen für eine defensive Haltung. Mit dieser Geste wird signalisiert: »Beweisen Sie mir das erst einmal«, »Ich bin skeptisch«, oder: »Ich brauche viel mehr Informationen, als Sie mir bisher gegeben haben.« Eines wird damit ganz bestimmt nicht ausgedrückt: »Ich bin bereit zu kaufen.« Wenn der potentielle Kunde Ihnen mit verschränkten Armen gegenübersitzt, oder in abgeschwächten Versionen mit ineinandergelegten Händen bzw. übereinandergeschlagenen Beinen, sollten Sie keinesfalls die Abschlußphase einleiten.

Das Gute daran ist natürlich, daß der Interessent seine defensive Körpersprache wieder aufgeben kann. Eine veränderte Körperhaltung kann eine veränderte Einstellung signalisieren.

Ich habe jedenfalls die Erfahrung gemacht, daß es zwei Bedeutungen haben kann, wenn ein Interessent seine Arme löst oder die Hände wieder auseinandernimmt. Entweder ist die Besprechung nun beendet, oder er ist bereit für die Abschlußphase. In diesen Augenblicken beobachte ich Augen und Hände meines Gesprächspartners genau. Wenn er mir direkt in die Augen sieht, ist das ein gutes Zeichen. Es bedeutet, daß ich eine Verbindung hergestellt habe. Und wenn der Interessent sich die Hände reibt (das Zeichen der Zufriedenheit und Vorfreude schlechthin), ist ein erfolgreicher Abschluß gewiß.

Ziehen Sie keine voreiligen Schlüsse aus der Körpersprache

Mit meinen Warnungen will ich nicht sagen, daß ich an die Botschaft der Körpersprache nicht glauben würde. Aber man muß sich vor voreiligen Schlußfolgerungen und vereinfachenden Interpretationen hüten. Diese können Sie völlig in die Irre führen.

John Macklin, Leiter unserer Investmentabteilung in Cleveland, erzählte mir einmal von einer Reihe von Besprechungen, in denen die Körpersprache ein entscheidender – aber letztlich irreführender – Faktor war. Einer von Macklins Klienten, der einen europäischen Konzern leitete, hatte ihn gebeten, ihm einen Banker zu vermitteln, der die Finanzierung einer privaten Investition abwickelt. Macklin arrangierte daraufhin ein Gespräch zwischen einem ihm gut bekannten und geeignet erscheinenden Banker und dem CEO. Leider machte der Banker im ersten Gespräch keinen besonders glanzvollen Eindruck. Seine Präsentation war schlecht vorbereitet, und seine Vorschläge und Ideen waren banal. Zumindest erschien das Macklin so.

Der CEO jedoch hörte dem Banker mit angespannter Aufmerksamkeit zu. Er stellte ihm knappe Fragen und schien mit den Antworten zufrieden zu sein. Dies überraschte Macklin, da der CEO sich in finanziellen Angelegenheiten bestens auskannte und eine hervorragende Menschenkenntnis hatte. Warum ließ er sich von dieser mittelmäßigen Vorstellung so in den Bann ziehen? Macklin erklärte es sich damit, daß der CEO aus Höflichkeit den Schein wahren wollte, bis das Meeting vorbei war.

Wenige Wochen später erlebte Macklin eine neuerliche Überraschung. Der CEO bat um ein zweites Treffen mit dem Banker. Wieder arrangierte Macklin den Termin, wieder lieferte der Banker keine Glanzleistung, und wieder erschien der CEO höflich, stellte

Fragen und verhielt sich sehr respektvoll. Einige Male ging dieser Respekt sogar auf Kosten Macklins, als der CEO ihn nämlich an frühere Fehlschläge bei Investitionen erinnerte und den Banker augenzwinkernd fragte, ob er sich ebenso verhalten hätte.

Der CEO und der Banker führten im Lauf des Jahres noch mehrere Gespräche dieser Art. Macklin wußte überhaupt nicht, wie er dies zu deuten hatte. Obwohl die Meetings nie zu konkreten Ergebnissen führten, signalisierte der CEO durch sein Verhalten und seine Körpersprache eindeutiges Interesse. Außerdem war Macklin über die taktlosen Bemerkungen verärgert, mit denen der CEO ihn in diesen Gesprächen überraschte.

Eines Tages erhielt er jedoch einen Anruf vom CEO und wurde gefragt: »John, dieser Banker ist nicht sehr beeindruckend, oder?«

»Nein, wahrlich nicht«, bestätigte Macklin.

»Er hat eigentlich keinen einzigen brauchbaren Vorschlag gemacht.«

»Richtig«, bestätigte Macklin nochmals.

»Sollten wir uns nicht mal mit anderen Banken an den Tisch setzen?«

»Ja, das sollten wir«, meinte Macklin. »Ich wußte nicht, daß Sie das auch so sehen. Ich hatte den Eindruck, daß Sie ihn überzeugend fanden. Sie lassen sich doch sonst nicht die Zeit von solchen Schwätzern stehlen. Warum haben Sie ihn so oft getroffen und waren dabei auch noch so höflich?«

»Nun, von meiner Mutter habe ich gelernt, daß gute Manieren die beste Verteidigung im Umgang mit Fremden sind. So kommt einem niemand zu nahe, und man kann am besten verbergen, was man wirklich denkt. Höflichkeit war der beste Weg, möglichst viele Informationen von diesem Banker zu bekommen.«

»Nun gut«, erwiderte Macklin, »aber das erklärt Ihre Seitenhiebe in meine Richtung noch nicht.«

»Das hat einen einfachen Grund«, meinte der CEO. »Ich habe Sie kritisiert, weil wir uns so gut kennen. Bei Ihnen weiß ich, daß ich keine Abwehrmechanismen brauche.«

Blinder Glaube an die Signale der Körpersprache ist also nicht zu empfehlen. Der CEO sandte bewußt nur die Signale aus, die seinen Absichten dienten. Prompt wurde seine Botschaft von Macklin (und vielleicht auch vom Banker) falsch interpretiert.

Natürlich bedeutet das nicht, daß wir den Signalen der Körpersprache geringen Wert beimessen oder unseren Eindrücken prinzipiell mißtrauen sollten. Aber jede Einsicht wird ein wenig zuverlässiger, wenn sie durch andere Faktoren bestätigt werden kann.

Ich schenke dem Faktor Zeit und der Art und Weise, wie sie unsere Wahrnehmung von Situationen und Botschaften beeinflußt, große Aufmerksamkeit.

Viele Menschen setzen beispielsweise die Bedeutung eines Projekts damit gleich, wieviel Zeit sie dafür aufwenden müssen, obwohl oft das Gegenteil der Fall ist.

Wenn Sie einen Vortrag besuchen, der 60 Minuten dauern soll und nach 30 Minuten schon beendet ist, fühlen Sie sich sehr wahrscheinlich betrogen, obwohl der Sprecher sein Thema umfassend behandelt und Ihnen 30 Minuten Aufenthalt in sauerstoffarmer Luft erspart hat. Sie finden es nicht fair, weil ein für Sie wichtiges Thema aus irgendeinem Grund verkürzt wurde.

Dieselbe Reaktion läßt sich beobachten, wenn ein Meeting mit dem Chef, für das eine Stunde eingeplant war, schon nach fünfzehn Minuten in gutem Einvernehmen beendet wird. Unabhängig davon, wie ermutigend der Inhalt des Gesprächs und die Körpersprache des Chefs waren, interpretieren manche Mitarbeiter die Kürze des Treffens als Zeichen dafür, daß sie und ihre Ideen nicht wichtig sind. Ihre spezielle Vorstellung von der Bedeutung des Zeitfaktors hat zu einer völlig falschen Interpretation der Signale und der Situation geführt.

Ich sehe die Sache lieber andersherum. Meiner Meinung nach ist es ein *gutes* Zeichen, wenn eine Besprechung kürzer als geplant dauert oder wenn ein Problem schneller als erwartet gelöst werden kann.

Vor kurzem besuchte ich einen Firmenchef in London, um ihm eine Vermarktungsidee im Golfsport schmackhaft zu machen. Das war der eigentliche Zweck des Gesprächs. Aber als ich sein Büro betrat, sah ich auf ein chaotisches Wirrwarr aus Stereogeräten, in dessen Mitte zwei riesige Lautsprecherboxen thronten. Mein

Gesprächspartner hörte offensichtlich gerne Musik, und sein exzentrisches Büro schrie geradezu nach einem Kommentar. So erwähnte ich, daß unser Unternehmen sich auch im Bereich der klassischen Musik engagiere. Seine Miene hellte sich sofort auf, und er beugte sich nach vorne, um nähere Einzelheiten zu erfahren. Ich beschrieb ihm also eine Konzertreihe, die wir gerade planten.

Er unterbrach mich mit der Bitte: »Schicken Sie mir dazu bitte ein Angebot.« Dann machte er mit den Händen eine weit ausholende Bewegung, um anzudeuten, daß dieses Thema nun für ihn beendet war, und sagte: »Nun lassen Sie uns über Golf sprechen.«

Diese Geste des Firmenchefs könnte man leicht als Ablehnung mißverstehen, zumal er dem Thema der Konzertreihe nur wenig Zeit widmete. Ich hätte daraus leicht schließen können, daß er daran nicht interessiert war. Aber in Wahrheit war es ein sehr positives Zeichen. Unsere Unterhaltung über Musik hatte keine fünf Minuten und das Gespräch über Golf eine Stunde gedauert. Trotzdem beteiligte sich der Firmenchef am Musikprojekt, und über Golf haben wir nie mehr gesprochen.

Auch die klarsten Signale müssen erst einmal aufgefangen werden

In einem Vortrag vor Personalmanagern beschrieb ich einmal einige der wichtigsten Erkenntnisse, die man gewinnen kann, wenn man Menschen auf dem Golfplatz, dem Tenniscourt, im Restaurant oder in ähnlichen Situationen beobachtet. Ein Fragesteller aus dem Publikum fand meine Ausführungen sehr interessant, fragte jedoch, warum ich mich nicht auf konkrete Geschäftssituationen konzentrierte. Er sagte: »Das Verhalten eines Menschen im Geschäftsleben müßte doch den unmittelbarsten Einblick in seinen Charakter liefern. Finden Sie nicht auch?«

Nicht ganz. Eine Runde Golf oder ein Tennismatch sind genau deshalb so aufschlußreiche Gelegenheiten, mehr über andere zu erfahren, weil sie vom Geschäftsalltag abgekoppelt sind. Außerhalb der Konferenzräume sind die meisten Menschen gelöster und lockerer, und sie zeigen, ob bewußt oder unbewußt, die interessanteren Seiten ihres wahren Ichs. In den »konkreten Geschäftssituationen« dagegen, in denen jeder sein »Pokergesicht« aufsetzt und nur daran denkt, wie er den besten Eindruck hinterläßt, kann man auf solche Offenbarungen nicht hoffen.

Außerdem sollte man auch bedenken, daß man Signale über die Persönlichkeit anderer praktisch überall auffangen kann. Aber gerade zwanglose Zusammenkünfte jeder Art, die am Rande des Geschäftslebens stattfinden, sind eine besonders reichhaltige und unterschätzte Quelle.

Das größte Problem bei der Beurteilung des Charakters eines Menschen im Geschäftsalltag sehe ich darin, daß viele Signale irreführend oder gar nicht interpretierbar sind. Ich kenne einen sehr erfolgreichen europäischen Konzernchef, der in jedem Meeting nach fünf Minuten eine lange Perlenkette herausnimmt und sie durch die Finger gleiten läßt. Wenn ich es nicht besser wüßte, würde ich daraus schließen, daß er nervös oder abergläubisch ist. Dabei ist er mit ihrer Hilfe zum Nichtraucher geworden. Wer diese Marotte nun überbewertet, könnte sich notieren, bei welchem speziellen Thema er die Kette herauszog – als wäre das ein zuverlässiger Indikator dafür, wie wichtig ihm dieses Thema war. Aber im Lauf der Jahre habe ich gelernt, daß die Kette rein gar nichts bedeutet, außer vielleicht, daß er ein bißchen exzentrisch ist. Sie ist sicherlich kein Zeichen der Schwäche oder Verwundbarkeit.

Am besten kann man aussagekräftige Signale auffangen, wenn man eine klare Vorstellung davon hat, wonach man sucht. Ich erstelle mir vor den meisten Meetings im Geist eine Checkliste von Erwartungen, die ich für legitim halte. Wenn ich jemanden im Büro besuche, kann ich erwarten, daß mein Gesprächsparter freundlich und pünktlich ist und während unseres Treffens keine Telefonanrufe entgegennimmt. Wenn er eine oder mehrere dieser Minimalanforderungen nicht erfüllt, ziehe ich daraus bestimmte Rückschlüsse auf seine Person oder zumindest auf seine Einstellung mir gegenüber.

Vor kurzem fuhr ich mit zwei Kollegen von New York nach Pennsylvania, um eine Softwarefirma zu besuchen. Deren Geschäftsführer waren daran interessiert, ein Softwareprodukt für einen unserer Klienten zu entwickeln. Da wir drei Stunden im Auto gesessen hatten und Punkt zwölf Uhr eintrafen, war unsere Erwartung nicht völlig abwegig, von unseren Gastgebern ein Mittagessen serviert zu bekommen. Beim Betreten des Firmengebäudes wandte ich mich noch an meine Kollegen und sagte: »Mal sehen, wie sparsam diese Leute sind. Glauben Sie, daß sie an ein Mittagessen für uns gedacht haben?« Es stellte sich heraus, daß das nicht der Fall war. Sie führten uns durch das Unternehmen und dann direkt in ihr Besprechungszimmer, ohne je zu fragen, ob wir hungrig seien. Ich hielt dies damals schon für ein schlechtes Omen. Wie gut die Produkte des Unternehmens auch sein mochten, die Probleme lagen sicher in der Vermarktung, wenn es zu Berührungspunkten mit der »echten Welt« kam. Tatsächlich entwickelte die Firma ein hervorragendes Programm für unseren Klienten, hatte aber keine Ahnung, wie man es verkaufen mußte.

Natürlich ist es gefährlich, die Menschen schon beim ersten Meeting in Schubladen einzuordnen. Man muß sich Zeit nehmen, um ihre Signale richtig zu bewerten.

Vor einigen Jahren traf ich in einer Stadt im Mittleren Westen zwei landesweit bekannte Unternehmer. Da es sich bei beiden um eingefleischte Sportfans handelte, versprach ich mir etwas davon, sie kennenzulernen und ihnen von unserem Unternehmen zu erzählen.

Das erste Gespräch fand mit einem Bankmanager statt, der mich mit seiner Gastfreundlichkeit geradezu verblüffte. Er wußte alles über mich und unsere Firma. Er versicherte mir, daß er mich schon seit Jahren kennenlernen wollte. Er überschüttete mich förmlich mit Beteuerungen seines Respekts und seiner Bewunderung. Ich verließ seine holzgetäfelten Räume und dachte: »Das war ein tolles Gespräch.«

Dann fuhr ich durch die Stadt, um den zweiten Manager zu treffen, der mich mit seiner fehlenden Gastfreundschaft und Unhöflichkeit verblüffte. Er wußte nichts über mich oder unsere Firma.

Er hatte sich nicht die Mühe gemacht, das Material zu lesen, das ich ihm geschickt hatte. Er nahm während unseres Gesprächs mindestens fünf Telefonanrufe von seinem Aktienhändler entgegen. Es schien, als wollte er mir lediglich einige Marketingideen für eine seiner Abteilungen abluchsen. Er gab sich keine Mühe, charmant zu sein, mich zu beeindrucken oder mich in eine angenehme Stimmung zu versetzen. Als ich das Büro verließ, entschuldigte sich der Mitarbeiter, der das Treffen arrangiert hatte, sogar für die Grobheit seines Chefs.

Ich erzähle diese Begebenheit, um vor vorschnellen Schlußfolgerungen bei der Beurteilung von Menschen zu warnen. Im Lauf der Jahre haben wir viele Geschäfte mit meinem zweiten Gesprächspartner gemacht und kein einziges mit dem Banker. Trotzdem hätte ich unsere Chancen am Tag unseres ersten Treffens genau umgekehrt eingeschätzt. Im nachhinein glaube ich, daß der Banker so entgegenkommend war, weil er wußte, daß wir nicht ins Geschäft kommen würden. Andererseits weiß ich heute, daß die Schroffheit des zweiten Managers ein positives Zeichen war. Dies war einfach sein persönlicher Stil im Geschäftsleben. Seine Grobheit stellte nur den Eröffnungszug in seiner Verhandlungsstrategie dar.

In der Beurteilung von Menschen darf man sich also nie ausschließlich auf ein einzelnes Signal verlassen. Man muß ständig neue Signale in die bisherige Interpretation einarbeiten, sie analysieren und vergleichen. Notfalls muß man ein Urteil auch wieder revidieren. Nur dann können Sie Erkenntnisse gewinnen, die Ihnen wirklich einen Vorsprung sichern.

Wenn Angelegenheiten nur Sie und sonst niemanden etwas angehen

Wir hatten einmal einen Manager, der ein unverbesserlicher Schnüffler war. Er war von einem unstillbaren Verlangen getrieben, alles zu erfahren, was die anderen Mitarbeiter taten, an welchem Projekt sie arbeiteten, mit wem sie sich trafen, wohin sie reisten. Dabei war er keineswegs hinterlistig, sondern auf geradezu charmante Weise offen, wenn er spionierte.

Zu seinen bevorzugten Taktiken gehörte es, die Sekretärin eines Topmanagers über den Aufenthaltsort ihres Chefs zu befragen. Er formulierte seine Frage immer so, als wüßte er die Antwort schon: »Joe ist in Atlanta, nicht wahr?«

Dann korrigierte ihn die Sekretärin: »Nein, diese Woche ist er in Dallas.«

»Ach, wirklich«, antwortete der Schnüffler dann. »Was macht er denn dort?«

Und dann berichtete ihm die Sekretärin haarklein, was ihr Chef vorhatte.

Ich habe keine Ahnung, was er mit all diesen Informationen anfing, die er auf diese Weise sammelte, aber er ging erstaunlich hartnäckig und demokratisch vor. Er interessierte sich für alle gleichermaßen – Mitarbeiter, Kollegen, Topmanager, selbst die Assistenten meines Stabs. Noch erstaunlicher war es, wie lange unsere Beschäftigten benötigten, um ihm auf die Schliche zu kommen. Jahrelang spionierte er unbehelligt herum. Nur sehr wenige hatten den Mumm, ihm zu sagen: »Das geht Sie nichts an.«

Ich war immer der Meinung, daß die meisten peinlichen Augenblicke im Geschäftsleben deswegen entstehen, weil so wenige sich trauen, zu sagen: »Das geht Sie nichts an.« Von Natur aus neugierige Menschen gibt es überall. Aber selbst die vorwitzigsten unter ihnen kennen in der Regel ihren Platz. Sie wissen, wie weit sie gehen können. Sie kennen den Unterschied zwischen unschuldiger Neugierde und offener Frechheit oder Einmischung in die Privatsphäre, und sie respektieren diese Grenze in der Regel.

Bei dem »Spion« in unserem Unternehmen handelte es sich um einen Fall von relativ harmloser Neugierde und nicht um Firmenspionage. Wie ich schon sagte: Ich weiß nicht, was er mit all den kurzlebigen Informationen anfing, die er sammelte. Meines Wissens hat er keinen Schaden damit angerichtet. Aber wenn er angefangen hätte, detaillierte Fragen über vertrauliche Bereiche zu stellen, hätten ihn die meisten unserer Leute bestimmt sofort unterbrochen. Zumindest hätten sie angefangen, sich über seine Motive Gedanken zu machen.

Leider ist es oft gar nicht so leicht zu beurteilen, wann die Neugierde eines Menschen noch angemessen ist. Selbst in den feinfühligsten Diskussionen kann es Grauzonen geben, die zu Problemen führen, und nicht jeder ist klug oder erfahren genug, um sie richtig einzuschätzen.

Als Faustregel gilt jedoch, daß es zwei Themen gibt, die den Satz »Das geht Sie nichts an« immer rechtfertigen: *Das Geld anderer* und *Ihr Privatleben*. Von allen Themen, die niemanden etwas angehen, dürften dies die offensichtlichsten sein. Aber ich bin immer wieder erstaunt, wie dreist viele Neugierige in diese Bereiche eindringen, wie oft sie dabei sogar Erfolg haben und wie selten den Beteiligten die Konsequenzen ihres Verhaltens klar sind.

Nehmen Sie das Thema Geld. Wir alle wissen, daß bestimmte Geldgespräche tabu sind. Auch in einem Zeitalter, in dem die Leute sich bereitwillig erzählen, wieviel sie für ihr Haus oder ihren Schmuck bezahlt haben, wissen wir, daß uns das Gehalt anderer nichts angeht. Wir spionieren nicht einmal unserem besten Freund oder unserer Schwester nach. Aber selbst im Bereich des Gehalts gibt es Grauzonen, die zu Problemen führen.

Vor kurzem rief einer unserer Klienten seine Literaturagentin in unserem New Yorker Büro an und äußerte eine unschuldig klingende Bitte. Wir hatten für diesen Autoren gerade ein Honorar ausgehandelt, das er für den Text in einem illustrierten Buch bekommen sollte. Das vom Verleger angebotene Honorar war fair, und der Autor erklärte sich auch einverstanden. Als der Autor jedoch mit der Arbeit begonnen hatte, machte er sich plötzlich Gedanken über den Illustratoren. Er rief deshalb unser Büro an und bat uns, in Erfahrung zu bringen, welches Honorar der Illustrator bekam. Er fand, daß ihm keinesfalls weniger zustand. Vielleicht könnte man argumentieren, daß diese Bitte eine gewisse Berechtigung hatte. Als Agenten möchten wir schließlich den bestmöglichen Abschluß für unsere Klienten erreichen. Aber im Grunde war seine Bitte empörend. Unser Klient spionierte das Honorar des Illustrators aus.

Die Tatsache, daß es bei dieser Bitte um das Geld eines anderen ging, hätte bei unserer Agentin schon die Alarmglocken läuten lassen sollen. Sie hätte dem Klienten klarmachen sollen: »Sie haben das Honorar akzeptiert. Was der Illustrator bekommt, geht Sie nichts an.« Aber das tat sie nicht. Sie kam der Bitte des Autors nach und rief den Verleger an, der ihr mit etwas diplomatischeren Worten erklärte: »Halten Sie sich da raus!«

Letztlich wäre es für alle Beteiligten besser gewesen, wenn unsere Agentin dem Klienten sofort gesagt hätte: »Das geht Sie nichts an.« Der Klient hätte sein Gesicht gewahrt. Die Agentin hätte einen ebenso peinlichen wie vergeblichen Telefonanruf vermieden. Und dem Verleger wäre eine unangenehme Situation erspart geblieben.

Ein weiterer Bereich, der theoretisch niemanden etwas angeht, ist das Privatleben. Trotzdem lassen viele Menschen es zu, daß die Grenze zwischen ihren beruflichen und privaten Angelegenheiten verschwimmt. Ihre Unfähigkeit, neugierige Zeitgenossen in die Schranken zu verweisen, kann unvorhergesehene Probleme schaffen.

Am Arbeitsplatz, wo Vorgesetzte und Mitarbeiter acht Stunden täglich zusammenarbeiten, ist diese Gefahr naturgemäß immer gegeben. Wenn man im Lauf der Zeit eine freundliche oder gar herzliche Beziehung zu den eigenen Mitarbeitern entwickelt, ist es verständlich, daß sie sich auch für einige Aspekte Ihres Privatlebens interessieren. Vielleicht erfahren sie, wo Sie mit Ihrer Familie Urlaub machen, mit wem Sie sich treffen, wie Sie Ihre Wochenenden verbringen. Meiner Ansicht nach sind das genau die Informationen, die niemanden etwas angehen, weil man nie weiß, was die Kollegen mit diesem scheinbar trivialen Wissen anfangen.

Vor einigen Jahren traf ich den CEO eines anderen Unternehmens und zwei seiner Spitzenleute. Einer von ihnen war über den Gesprächsgegenstand nicht so gut informiert, wie er es hätte sein sollen. Der CEO zischte ihm zu: »Vielleicht wären Sie besser im Bild, wenn Sie Ihre Abende nicht am Telefon verbringen würden, um mit Ihrer Freundin in Chicago zu telefonieren.«

Ich war schockiert über diese Bemerkung des CEO, nicht nur

wegen ihrer Taktlosigkeit, sondern auch wegen des Vertrauensbruchs, den sie implizierte. Der Mitarbeiter vertraute dem CEO offensichtlich. Zumindest betrachtete er ihn als vertrauenswürdig genug, um ihm Einzelheiten aus seinem Privatleben anzuvertrauen. Aber der CEO mißbrauchte die Informationen dazu, seinen Mitarbeiter vor mir zu beschimpfen. Dabei handelte es sich nicht einmal um eine gewöhnliche Chef-Mitarbeiter-Beziehung, sondern die beiden Männer waren befreundet. Es wäre aber für beide besser gewesen, wenn sie die persönlichen Details aus ihrer beruflichen Beziehung herausgehalten hätten, oder wenn zumindest einer von ihnen diese Informationen als vertraulich behandelt hätte.

Besserwisser stellen keine Fragen – sie bitten um Antworten

Ich halte sehr viel von der häufigen Verwendung des Satzes »Ich weiß es nicht.« Es handelt sich um eine der effektivsten Methoden, um Informationen zu bekommen, anstatt sie preiszugeben. Der Satz ist gut, um Diskussionen zu beenden, die nirgendwo hinführen. Die Bedeutung dieses Satzes ist stets klar. Es hat noch nie ein Mißverständnis gegeben, wenn jemand sagte: »Ich weiß es nicht.«

Ich selbst stelle fest, daß ich nach all den Jahren, in denen ich im Geschäft bin, diesen Satz mehr als je zuvor verwende. Ich sage ihn sogar dann, wenn ich schon ganz genau informiert bin, nur um herauszufinden, wieviel mein Gegenüber weiß. Mit der Methode, sich selbst in den Hintergrund zu stellen und sich unwissender zu geben, als man ist, erreicht man beträchtlich mehr als mit der Behauptung, über alles im Bilde zu sein.

Meiner Meinung nach sind Alleswisser sehr gefährlich. Sie nerven ihre Mitarbeiter, verärgern ihre Kollegen und richten ein Desaster unter ihren Kunden an. Sie mögen sich selbst in noch so gutem Licht darstellen, das Unternehmen profitiert selten davon.

Einen Alleswisser erkennt man oft schon daran, wie er seine Fragen formuliert.

Alleswisser stellen nämlich keine Fragen, sondern fordern Antworten. In ihre Fragen ist die Antwort schon eingebaut.

Sie fragen nicht: »Wann haben Sie Ihr Haus gekauft?«, sondern: »Sie haben Ihr Haus vor zwei Jahren gekauft, stimmt's?«

Die erste Frage klingt wie eine unschuldige Frage. Die letztere klingt wie eine Anklage.

Ich könnte dies natürlich als eines der unwichtigeren Ärgernisse des Alltags abtun. Aber im Geschäftsleben kann das Besserwisser-Syndrom bemerkenswert selbstschädigend und kontraproduktiv sein.

Ich nahm einmal an einer Besprechung teil, die von einem Manager geleitet wurde, der als Alleswisser verschrien war. Er war klug, charmant und einer der gewandtesten Verhandlungsführer, die ich je kennengelernt hatte. Aber er hatte das unbezähmbare Bedürfnis, seine Umgebung ständig auf diese Talente hinzuweisen.

Ich werde nie vergessen, wie er die Besprechung einleitete, in der mehrere Mitarbeiter über die Zukunft eines kostspieligen Projekts entscheiden sollten.

Er sagte: »Wir wollen also das Projekt in Florida beenden, stimmt's?«

Das Meeting war in diesem Augenblick eigentlich schon gelaufen, weil allen Anwesenden klar war, daß der Chef sich schon entschieden hatte. Er lieferte die Antwort schon mit, um die er in seiner Frage bat. Er forderte die Anwesenden auf zuzustimmen, nicht zu diskutieren. Ich vermute sogar, daß er das Meeting in der Überzeugung verließ, daß ein freier und offener Meinungsaustausch stattgefunden hatte.

Dieser Manager wäre viel effektiver gewesen, wenn er gelernt hätte, sich gelegentlich in den Hintergrund zurückzuziehen und andere ihr Können zeigen zu lassen. Was hätte es ihm geschadet, wenn er gefragt hätte: »Sollen wir das Florida-Projekt beenden?«

So lähmend sich der Alleswisser auf Kollegen und Mitarbeiter auswirken kann, so katastrophale Folgen hat seine Macke oft bei Kunden, die sich auf ihn verlassen und dann von ihm enttäuscht werden. Häufig fängt das Problem damit an, wie der Verkäufer Fragen stellt.

Ein mir bekannter Chef eines Industriebedarfsunternehmens sagt, daß er seine Vertriebsmanager – sehr kompetente Leute, die tatsächlich oft mehr wissen als die Kunden – immer daran erinnert, daß das Verkaufen ein Prozeß in zwei Schritten ist:

Schritt eins: Stellen Sie sehr spezifische Fragen.
Schritt zwei: Warten Sie auf die Antwort.

Die Alleswisser, so meint er, vergessen Schritt zwei.

Er meint: »Ein guter Verkäufer fragt: ›Wieviel Liter pro Minute muß diese Anlage an Leistung bringen?‹, und dann hört er zu.

Der Alleswisser dagegen sagt: ›Die Anlage braucht 35 Liter pro Minute, nicht wahr?‹ Der ahnungslose Kunde glaubt, daß er es wirklich definitiv weiß.

Das Ergebnis ist katastrophal. Der Kunde beschwert sich verärgert oder enttäuscht, weil wir ihm das falsche Produkt verkauft haben. Und dann kommt der Alleswisser-Verkäufer und begrüßt ihn mit den Worten: ›Aber Sie sagten mir doch, daß Sie 35 Liter pro Minute brauchen …‹«

Beenden Sie endlose Gespräche

Für vielbeschäftigte Manager sind nur wenige Situationen stressiger als die, in einem Gespräch zu stecken, das schon Minuten früher hätte abgeschlossen werden sollen. Selbst Sekunden erscheinen einem wie Stunden, wenn man wichtige Dinge zu erledigen hat, aber zu höflich ist, um den anderen vor den Kopf zu stoßen.

Viele greifen in einer solchen Situation zur Körpersprache – sie rutschen unruhig auf dem Stuhl hin und her, klopfen mit den Fingern auf den Tisch, kritzeln Notizen, greifen zum Telefon, nicken zustimmend –, aber der Erfolg dieser Taktik ist bestenfalls unvorhersehbar. Wenn jemand nicht in der Lage ist, Ihre verbalen Signale zu deuten, wird er auch mit Ihren nonverbalen nichts anzufangen wissen.

Mit den folgenden drei Methoden wird es Ihnen gelingen, Gespräche, die schon viel zu lange dauern, umgehend zu beenden.

1. »Sie müssen mich zwingen, dieses Gespräch zu beenden«

Dies ist nur ein beschönigender Ausdruck für »Genug damit!« Trotzdem nehmen die wenigsten Menschen diesen Satz persönlich. Wenn Sie Ihrem Gesprächspartner suggerieren, daß er Ihnen einen Gefallen damit tut, das Gespräch zu beenden, wird er dies gerne tun.

2. »Mal sehen, ob ich zusammenfassen kann, was Sie sagen wollen«

Hierbei handelt es sich um eine Unterbrechung, mit der Sie zwei Aussagen machen: »Ich verstehe, was Sie sagen«, und »Ich kann Ihnen helfen.« Wenden Sie diese Methode dann an, wenn Ihr Gesprächspartner unermüdlich ein und dieselbe Idee auf verschiedene Art und Weise wiederholt. Wenn Sie versprechen, ihm zu helfen, wird er nichts gegen die Unterbrechung einzuwenden haben.

3. »Was sollen wir Ihrer Meinung nach tun?«

Die meisten Menschen reden lieber über Probleme als über Lösungen, weil das einfacher ist. Unter dem Vorwand, ein Problem zu diskutieren, wiederholen sie gebetsmühlenartig, was alles hätte passieren können, wenn sie dies oder jenes getan hätten. Sie erleben die Vergangenheit immer wieder (auf Ihre Kosten) und meiden jeden Gedanken an die Zukunft (ebenfalls auf Ihre Kosten).

Mit dem Satz »Was sollen wir Ihrer Meinung nach tun?« stellen Sie Ihrem Gegenüber eine Aufgabe. Sie zwingen ihn damit zur Entscheidung, ob er sich dem Problem stellt oder das Gespräch beendet und geht.

Fehler am Telefon

Die meisten Menschen würden zustimmen, daß das Telefon eines der großartigsten Hilfsmittel im Geschäftsleben ist. Wenn Sie aber nach dem Grund dafür fragen, herrscht keine Übereinstimmung mehr.

Für manche Menschen steht die Tatsache im Mittelpunkt, daß sie mit jedem beliebigen Menschen jederzeit kommunizieren können. Das Telefonbuch verschafft ihnen den Zugang zur Welt. Manche Menschen sehen dies natürlich mit gemischten Gefühlen, vor allem, wenn es bedeutet, daß sie jederzeit für Leute erreichbar sind, mit denen sie gar nicht sprechen wollen.

Für Verkäufer ist das Telefon der ultimative Zeitsparer. Damit benötigen sie weniger oder gar keine Reisezeit mehr, um ihre Abschlüsse zu machen.

Für andere ist das interessanteste Merkmal des Telefons seine Einfachheit. Alles, was man zu einer Unternehmensgründung braucht, sind ein Schreibtisch und ein Telefon. Wer ein Mobiltelefon hat, braucht nicht einmal einen Schreibtisch.

Aber für mich ist der größte Vorteil des Telefons sein offensichtlichstes Merkmal: *Der Gesprächspartner kann Sie nicht sehen.* Solange Sie aufmerksam und konzentriert sind, spielt es keine Rolle, unter welchen Umständen Sie telefonieren. Sie könnten zu Hause im Schaumbad liegen oder in einem völlig chaotischen Büro sitzen, ohne daß der andere es weiß oder daß es ihn kümmern würde. Denn die Verbindung zu Ihrem Gesprächspartner wird nur über Ihre Stimme hergestellt. Solange Sie diese kontrollieren, können Sie »Business as usual« betreiben.

Es ist erstaunlich, wie viele Menschen das immer wieder vergessen.

Sie lassen es zu, daß eine ärgerliche Situation vom Vormittag in spätere Telefongespräche einfließt. Sie klingen beleidigt, abgelenkt oder gereizt. Das ist natürlich verständlich. Nur wenige Menschen können ihre Gefühle perfekt in jeder Situation voneinander trennen. Das Problem ist jedoch, daß Ihr Gesprächspartner Ihre schlechte Laune oder Ihre Zerstreutheit schnell spürt und naturgemäß auf sich selbst bezieht, solange er keine anderweitigen Signale erhält.

Am häufigsten beobachte ich das bei Sekretärinnen. Natürlich wird die Geduld einer Sekretärin am Telefon härtesten Belastungstests unterworfen. Immerhin gehört es zu ihrem Job, all die Anrufe abzublocken, die keiner entgegennehmen will. Wenn eine Sekretärin weiß, daß sie schnellstens einen 25-Seiten-Bericht tippen muß, und dabei ständig von unwichtigen Anrufen unterbrochen wird, ist es verständlich, wenn sie ihren Streß am Telefon nicht sofort abschütteln kann. Wenn Sie es je mit einer patzigen oder unkooperativen Sekretärin zu tun hatten – die ihr unfreundliches Verhalten mit dem Satz entschuldigt: »Ich hatte einen sehr harten Tag!« –, dann wissen Sie, was ich meine.

Die besten Sekretärinnen sind am Telefon stets höflich und effizient, unabhängig davon, wie groß das Chaos um sie herum ist. Aus Gewohnheit werden sie ruhig und professionell, sobald das Telefon klingelt, auch wenn sie Grund genug hätten, ruppig und unfreundlich zu sein.

Allerdings verstehe ich nicht, warum so wenige ansonsten kluge Manager es im Hinblick auf das Verhalten am Telefon mit ihren Sekretärinnen aufnehmen können. Ich habe zahllose Telefongespräche geführt, bei denen ich sofort sagen konnte, ob meine Gesprächspartner verärgert, abgelenkt, erschöpft, frustriert oder einfach nur unvorbereitet waren. Wenn ich es nicht gleich an der Stimme ablesen kann, sagen sie es mir irgendwann. Sie erzählen mir, daß sie einen langen Tag mit lauter Besprechungen hinter sich haben und nun müde sind. Sie sagen mir, daß sie sich gerade über ihren Chef geärgert haben. Sie beschreiben mir sogar die Unordnung auf Ihrem Schreibtisch, wenn sie ihre Notizen nicht finden können.

Genau diese Informationen sollte man niemals am Telefon preisgeben, außer wenn es einen taktischen Grund dafür gibt. Damit verspielt man nicht nur den Vorteil der Unsichtbarkeit, sondern verschafft dem anderen auch noch einen Vorsprung, weil man ihm Informationen über sich selbst gibt, ohne etwas über den anderen zu erfahren.

Der größte Fehler am Telefon besteht darin, sich nicht auf seine Stimme zu verlassen. Die Stimme kann eine Vielzahl von emotionalen Zuständen spiegeln. Aber viele Menschen denken gar nicht erst darüber nach, welche Emotionen sie vermitteln möchten oder wie sie diese ausdrücken könnten.

Bevor ich zum Telefon greife, halte ich automatisch eine Sekunde inne, um mich zu sammeln und zu entscheiden, was ich mit meiner Stimme vermitteln möchte. Inzwischen ist mir das zur Gewohnheit geworden, und es ist eine gute Gewohnheit.

Wenn ich beispielsweise mit jemandem spreche, mit dem ich seit Wochen nicht gesprochen habe, versuche ich, begeistert zu klingen. Aus irgendeinem merkwürdigen Grund sind die Menschen zugänglicher und freundlicher, wenn sie hören, daß ich mich wirklich darüber freue, mit ihnen zu sprechen.

Wenn ich es eilig habe, sage ich gleich zu Beginn des Gesprächs, daß ich nur wenige Minuten Zeit habe. Dann faßt sich der Anrufende fast immer kurz und kommt schnell zum Thema. Außerdem wirke ich dann nicht unhöflich, wenn ich den Anruf abrupt beende, weil ich den Gesprächspartner ja schon gewarnt habe. Das ist sicherlich besser, als am Telefon zu hängen, sich auf »Jaja« und »Hmm« zu beschränken (das verbale Gegenstück zum Fingerklopfen) und dabei zu wünschen, daß der andere das Gespräch endlich beenden möge.

Diese Ratschläge mögen banal erscheinen. Trotzdem halten sich Millionen Menschen nicht daran, so wie Millionen Menschen es versäumen, im Alltag höflich zu sein. Wenn Sie am Telefon effektiver sein möchten, dann beobachten Sie einmal Ihr Verhalten. Nutzen Sie den Vorteil, daß Ihr Gesprächspartner Sie nicht sehen kann? Oder vergeben Sie diesen Vorteil unbedacht, indem Sie einfach drauflosreden?

Kapitel 7
Schriftliche Kommunikation

Kommen Sie auf den Punkt

In unserem Unternehmen erhalte ich praktisch jedes Dokument in Kopie. Folglich weiß ich es zu schätzen, wenn Nachrichten kurz gehalten werden. Am liebsten sind mir Memos, die nur einen Satz lang sind, darauf folgen diejenigen, die zwei Sätze lang sind, und so weiter. Meine Manager wissen das. Wenn sie mich von etwas überzeugen wollen, dann fassen sie sich kurz. Lange Ergüsse beeindrucken mich keineswegs, sondern beunruhigen mich eher.

Die folgenden Hinweise verwandeln Sie nicht in einen begnadeten Schriftsteller, aber sie helfen Ihnen, präzisere und effektivere Mitteilungen, Aktennotizen und Briefe zu schreiben.

1. Haben Sie etwas zu sagen?

Jemand sagte mir einmal, daß es am schwierigsten sei, Mitteilungen zu schreiben, die folgende Botschaften beinhalten:

- Eine Angelegenheit soll so und nicht anders erledigt werden.
- Ich möchte Ihnen etwas verkaufen.
- Ich habe mich lächerlich gemacht.

- Ich habe schlechte Nachrichten für Sie.
- Ich habe etwas großartig gemacht.
- Lieber Boß, was Sie sagen, stimmt nicht.
- Dies ist meine Forderung.
- So schätze ich Sie ein.

Ich würde jedes Memo sofort lesen, das mit einem dieser Sätze beginnt.

2. Das Wichtige zuerst

Der Bühnen- und Drehbuchautor David Mamet meint, daß alle guten Drehbücher in drei Akte gegliedert werden können. Als er einmal versuchte, diese Theorie vor Studenten zu erklären, fiel ihm eine Schlagzeile der *New York Post* ein. Sie lautete: »Junge schneidet Vater den Kopf ab, dann dem Sittich, dann der Eidechse.« In einem guten Drehbuch, so Mamet, ist der Kopf des Vaters zuletzt dran.

Viele Memos wären überzeugender, wenn ihre ersten und letzten Absätze gestrichen würden.

Dies trifft jedenfalls auf all diejenigen Mitteilungen zu, deren Verfasser in epischer Breite darlegen, welche Gedankenprozesse sie durchlaufen haben. Sie setzen in ihren Memos Schritt für Schritt auseinander, wie sie ein Problem angegangen sind. Dann schließen sie ihre Ausführungen mit einer sauberen, ordentlichen Schlußfolgerung ab, wie in einer algebraischen Beweisführung.

Diesen Menschen kann man nur einen Rat geben. Stellen Sie den Schluß an den Anfang. Dann können sie auch sicher sein, daß ihr Memo gelesen wird. Mit anderen Worten: Wenn Sie eine neue Methode haben, um die Kosten zu senken, dann sollten Sie das gleich im ersten Satz schreiben. Wenn Sie um einen neuen Computer bitten, dann tun Sie das gleich am Anfang. Lassen Sie die Bombe nicht erst am Ende platzen, denn Sie könnte Ihnen vorher in der Hand explodieren.

3. Fassen Sie sich kurz

Kurze Wörter, kurze Sätze, kurze Absätze sind am wirkungsvollsten. Glauben Sie mir.

4. Verwenden Sie genügend Modaladverbien?

In vielen Stillehrbüchern wird empfohlen, den Gebrauch von Modaladverbien wie *ziemlich*, *sehr* oder *ein bißchen* zu vermeiden, wenn man einen überzeugenden Eindruck erwecken will. Diese Beschreibungen, so wird behauptet, nähmen einer Aussage ihre Direktheit und Klarheit, indem sie wie Blutegel den Wörtern ihren Gehalt aussaugen.

Ich glaube dagegen, daß das Gegenteil zutrifft, wenn man Memos an Kollegen oder Mitarbeiter schreibt.

Wenn Sie Ihr Ziel erreichen möchten, sollten Sie also darauf achten, derartige Adverbien und abschwächende Begriffe zu verwenden. Damit verfeinern Sie zwar nicht unbedingt Ihren Stil, aber Sie stärken Ihre Position.

Wenn Sie sich über jemanden geärgert haben, sollten Sie also nicht schreiben: »Wie konnte das nur passieren?« Damit würden Sie ihn nur in die Defensive drängen. Viel effektiver ist es, zu schreiben: »Ich weiß, daß Sie sehr beschäftigt sind und sich deshalb wahrscheinlich nicht persönlich um die Sache kümmern konnten. Aber es ist ein Problem entstanden, und ich brauche nun wirklich Ihre Hilfe.«

Welche dieser Mitteilungen würden Sie lieber bekommen?

5. Drücken Sie sich einfach und klar aus

William K. Zinsser schreibt in seinem wichtigen Stilratgeber *On Writing Well*: »Weitschweifigkeit ist der größte Feind eines guten Briefes. Leider glauben Führungskräfte auf allen Ebenen, daß ein einfacher Stil ein einfaches Gemüt verrate. Dabei ist es umgekehrt.

Nur wer wirklich nachgedacht hat, kann seine Gedanken mit einfachen Worten darlegen. Ein verschwommener Stil spiegelt nur verschwommenes Denken wider oder läßt erkennen, daß die Person zu faul war, ihre Gedanken zu strukturieren.«

6. Wollen Sie angreifen oder verteidigen?

Mit Aktennotizen werden in der Regel zwei Absichten verfolgt. Entweder möchte man eine eigene Idee mitteilen, oder man möchte sich vor den Ideen anderer schützen. Darüber sollten Sie sich klar sein, bevor Sie anfangen zu schreiben. Wenn Sie selbst nicht wissen, ob Sie sich im Angriff oder in der Verteidigung befinden, dann werden Ihre Leser auch nicht verstehen, was Sie sagen wollen.

7. Bleiben Sie sich selbst treu

Die besten Memos sind die, denen ich sofort ansehe, wer sie geschrieben hat. Die Identität des Verfassers ist sofort erkennbar, ohne daß ich auf die Unterschrift sehe. Leider finden es die meisten Menschen beim Schreiben von Memos einfacher, ihre Identität aufzugeben. Anstatt ihrer individuellen Art und Weise zu vertrauen, ihre Gedanken auszudrücken, ahmen sie die vertraute Sprache des Memo-Speak nach (»Es wurde beschlossen, daß zum Erreichen der höheren Produktivitätsziele ...«).

Natürlich ist es nicht einfach, die eigene Persönlichkeit in einem Memo deutlich durchscheinen zu lassen. Aber es ist ein guter Anfang, wenn Sie verstärkt Personalpronomen wie »ich«, »Sie« und »wir« verwenden. Schon mit diesen kurzen Wörtern haben Sie viel erreicht.

Der einzige persönliche Zug, den man in einer Aktennotiz vermeiden sollte, ist der Humor. Dies sage ich, obwohl ich glaube, daß Humor zu den wertvollsten Instrumenten im Geschäftsleben zählt. Aber Witze macht man am besten im persönlichen Gespräch. Auf dem Papier sind sie sehr gefährlich, weil man nicht beeinflussen kann, wie sie aufgenommen werden.

8. Nehmen Sie die Schärfe aus Ihren Briefen

Zu den manchmal ermüdenden Aspekten meiner Arbeit gehört es, die zahlreichen internen Mitteilungen zu lesen, die zwischen unseren weitverzweigten Büros ausgetauscht werden. Viele dieser Memos sind unglaublich kontraproduktiv. Briefe, die eigentlich dazu gedacht waren, zur Kooperation aufzufordern oder ein Problem zu beheben, schaffen am Ende nur Zwietracht. Der Grund dafür liegt oft genug nur in schlecht gewählten Formulierungen.

Im Lauf der Jahre bin ich zum Ergebnis gekommen, daß die enorme Macht des geschriebenen Wortes leider zu oft unterschätzt wird.

So schreiben sich Kollegen unbekümmert Sätze, die im persönlichen Gespräch harmlos sein mögen, auf dem Papier jedoch eine eher frostige Wirkung haben.

Wenn Sie etwa einem Kollegen ins Gesicht sagen: »Sie haben wirklich Mist gebaut«, dann nimmt er Ihnen das vielleicht gar nicht übel. Wenn er mit Ihnen befreundet ist, stimmt er Ihnen wahrscheinlich lachend zu. Aber sobald Sie ihm diesen Satz schreiben, müssen Sie sich auf Probleme gefaßt machen. Ihr Kollege sieht nämlich das Lächeln auf Ihrem Gesicht nicht, und er hört den wohlwollenden Tonfall in Ihrer Stimme nicht, wenn er Ihr Schreiben in der Hand hält. Er liest nur den kalten Vorwurf der Inkompetenz. Wundern Sie sich deshalb nicht über verärgerte Reaktionen – persönlich oder schriftlich.

9. Holen Sie eine zweite Meinung ein

Die meisten Menschen konzentrieren sich so auf die Botschaft, die sie vermitteln wollen, daß sie vergessen, etwas Abstand zu nehmen und über den Empfänger nachzudenken. Echte Kommunikationsprofis dagegen stellen sich bildhaft vor, wie der Empfänger ihr Memo liest und darauf reagiert. Wenn sie unsicher sind, wie ihre Bemerkungen aufgenommen werden, bitten sie einen Kollegen oder Freund um dessen Meinung, bevor sie die Botschaft abschicken.

Einmal bat einer unserer New Yorker Manager seine Sekretärin, ein Fax durchzusehen, das er an einen Manager in unserem Büro in Hong Kong schicken wollte. Es enthielt Anweisungen darüber, wie die Verhandlungen über eine heikle Vertragsverlängerung zu führen seien, und bestand aus nur einem Absatz. Der Manager wollte aber sichergehen, daß er nicht zu autoritär klang und den Eindruck erweckte, den Empfänger zu etwas zwingen zu wollen.

»Wo ist das Problem?« fragte die Sekretärin. »Warum sollte Ihnen das jemand übelnehmen?«

Der Manager wies sie darauf hin, daß in anderen Ländern nun einmal andere Sitten herrschten, und daß besondere Vorsicht angebracht sei, wenn man mit Menschen kommuniziere, die man nicht gut kenne. Selbst die simpelsten Mitteilungen könnten mißverstanden werden.

»Es ist wie mit dem Humor«, sagte er. »Ein Scherz im persönlichen Gespräch kann lustig sein. Ein Scherz auf dem Papier kann als schwere Beleidigung aufgefaßt werden.«

Die Sekretärin fand insgeheim, daß ihr Chef übervorsichtig sei.

Zufällig erhielt dieselbe Sekretärin am nächsten Tag ein Memo von einer Kollegin aus unserem Londoner Büro. Auch dieses Memo bestand nur aus einem Absatz: »Wie ich erfahren habe, sind Sie nun für die Weitergabe der Berichte über Projekt XYZ zuständig. Bitte achten Sie darauf, zu Beginn jedes Monats daran zu denken. Lassen Sie es mich wissen, wenn es irgendwelche Probleme geben sollte.«

Dieses Memo enthält weder beleidigende noch autoritäre Aussagen. Trotzdem war die Sekretärin, wie ich erfuhr, gekränkt. Sie beschwerte sich sogar bei ihrem Chef: »Wofür hält sich diese Frau eigentlich?«

Ihr Chef meinte vorsichtig, daß sie nun vielleicht mehr Verständnis dafür habe, wenn er sie darum bitte, *seine* Memos zu lesen.

10. Schreiben Sie nicht im Zorn

Immer wenn Präsident Harry Truman einen wütenden Brief schrieb, ließ er ihn 24 Stunden liegen, um zu sehen, ob er dann immer noch zornig war.

Dies ist die vielleicht wichtigste Regel in der schriftlichen Kommunikation. Im Zorn verfaßte Briefe, die man voller Verärgerung abschickt, schaffen vermutlich mehr Mißverständnisse als jede andere Korrespondenz. Wenn Sie den Empfänger der Notiz nicht gerade vorsätzlich vergraulen wollen, sollten Sie niemals einen wütenden Brief absenden, ohne ihn überschlafen zu haben. Wenn Sie 24 Stunden später immer noch so fühlen, sind Sie wenigstens sicher, daß die Schärfe Absicht war.

11. Verwenden Sie Unterpunkte – aus folgenden Gründen:

- um Ihre Gedanken zu strukturieren,
- um komplexe Themen zu vereinfachen,
- um den wichtigsten Punkt hervorzuheben,
- um die Seite übersichtlich zu gestalten,
- um den Lesern eine Atempause zu ermöglichen.

12. Arbeiten Sie mit einem Thesaurus

Der schnellste Weg, um Ihren Stil zu verbessern, ist der, mehr farbige Verben zu verwenden. Sie finden Hunderte von schönen Verben in einem Thesaurus. Es ist keine Schande, ein solches Hilfsmittel zu benutzen. Streuen Sie mehr Verben in Ihre Mitteilungen ein, und Ihre Sprache gewinnt sofort an Genauigkeit und Lebendigkeit. Verwenden Sie nach Möglichkeit immer das Aktiv (»Ich empfehle«) und nicht das Passiv (»Es wird empfohlen«). Am besten streichen Sie das Passiv ganz, denn dann haben Sie den größten Schwulst aus Ihren Memos herausgehalten.

13. Demonstrieren Sie Sorgfalt

Auch Sorgfalt spielt eine sehr wichtige Rolle. Nur schlampige Führungskräfte schicken schlampige Mitteilungen ab. Mit einem fehlerfreien und korrekturgelesenen Schriftstück demonstrieren Sie Ihre Professionalität und Höflichkeit. Selbst wenn Ihre Vorschläge abgelehnt werden, haben Sie etwas für Ihre Glaubwürdigkeit getan.

Die besten Einzeiler

Die besten Memos sind eine Zeile lang, die zweitbesten sind zwei Zeilen lang, und so weiter. Natürlich meine ich damit keine Berichte, in denen ausführliche Informationen erläutert oder Analysen erstellt werden, sondern Mitteilungen, die nur dazu dienen, anderen Anweisungen zu geben. Hier sind drei Einzeiler, die Sie entweder schreiben oder lesen sollten:

1. »Wenn Sie wirklich glauben, daß es sich lohnt, werde ich Jones treffen«

Diesen Einzeiler verschicke ich lieber, als ihn zu erhalten. Er stellt eine gewisse Provokation dar. Mit dieser Formulierung zwingen Sie den Empfänger, an Ihre knappe Zeit zu denken. Gleichzeitig spornen Sie ihn an, alles in seiner Kraft Stehende zu tun, damit sich das Treffen für Sie wirklich lohnt. Nicht selten erzielen Sie damit verblüffende Resultate. Es handelt sich also um das ultimative Memo für Menschen, die gerne delegieren.

2. »Ich muß Sie mal fünf Minuten sprechen«

Das Entscheidende an dieser Notiz ist die Zeitangabe. Die meisten erfolgreichen Führungskräfte nehmen sich bereitwillig Zeit für ihre Mitarbeiter, solange sie sich darauf verlassen können, daß ihre Zeit nicht vergeudet wird. Wenn mich jemand um ein Gespräch von »fünf Minuten« bittet, frage ich mich als erstes, ob er wirklich fünf Minuten meint oder nicht vielleicht fünfzehn. Wenn ich die genannte Zeitangabe für ehrlich und realistisch halte, nehme ich mir Zeit für jeden, seien es 30 Sekunden oder drei Stunden.

3. »Ich brauche die Antwort bis zum 2. November«

Diese Mitteilung enthält eine Frist. Je spezifischer diese ist, desto wahrscheinlicher wird sie eingehalten. Wenn Sie schreiben: »Ich brauche diesen Bericht bis zum ersten November«, glauben die Empfänger vielleicht, daß Sie die erste Woche des Monats meinen. Vielleicht übersehen sie sogar den Sinn der Dringlichkeit.

Den besten Einzeilern ist gemeinsam, daß sie wenig aussagen und daß das Wenige nicht mißverstanden werden kann.

Die besten einzeiligen Antworten auf Memos

Wenn die besten Memos eine Zeile lang sind, dann sind die besten Antworten darauf ebenso knapp, wie die folgenden drei Beispiele zeigen:

1. »Wie bitte?«

Wenn ein Memo Sie am Sinn zweifeln ließ, dann kann über diese Antwort kein Zweifel bestehen.

2. »Gibt es keinen besseren Ausdruck dafür?«

Dies ist die klassische Anmerkung, die Zeitungsredakteure am Rand von Artikeln hinterlassen, die von rasenden Reportern geschrieben wurden. Auch im Geschäftsleben ist es oft sinnvoll, auf schlecht formulierte Absätze hinzuweisen. (Eine andere Variante lautet: »Fassen Sie sich bitte kürzer.«

3. »Können wir uns dem Thema etwas kompetenter annähern?«

Diese Frage ist nicht sarkastisch gemeint. Ich kann mir keine freundlichere Art vorstellen, um jemanden darauf hinzuweisen, daß er seine Hausaufgaben nicht gemacht hat und Sie mehr von ihm erwarten.

Memos dienen letztlich Ihrem Eigeninteresse

Auch wenn es nicht sehr schön klingt, trifft es doch zu, daß man mit Memos letztlich die eigenen Interessen verfolgt. Ob Sie eine Mitteilung schreiben, um jemanden von einer Idee zu überzeugen, Ihr Terrain abzustecken, Informationen weiterzugeben oder den Beitrag eines anderen zu loben – es geht immer darum, die eigenen Interessen durchzusetzen oder zu schützen. Wenn Memos diese Funktion nicht hätten, warum würde in den Unternehmen dann so viel Zeit damit verbracht, sie zu schreiben?

Natürlich gibt es dabei auch Abstufungen. Manche Memos dienen egoistischeren Zwecken als andere. Das Paradoxe daran ist, daß die Wirkung abnimmt, je transparenter die Absichten sind. Wenn der Empfänger einer Mitteilung sofort erkennt, daß der nackte Ehrgeiz daraus spricht, geht er in Abwehrposition. Erinnern Sie sich daran, wie Sie reagiert haben, als Sie das letzte Mal in einer Aktennotiz angegriffen wurden. So beginnen Memokriege.

Dagegen steigt die Effektivität einer Mitteilung, wenn es ihrem Verfasser gelingt, seine egoistischen Motive zu verschleiern. Im Idealfall kommt der Empfänger gar nicht auf den Gedanken, daß er angegriffen, überzeugt oder manipuliert werden soll. Jeder

Kommunikationsprofi weiß das und faßt seine Mitteilungen entsprechend ab. Die folgenden beiden Memos schreibe ich selbst am liebsten:

1. Das Memo zum »Status der Beziehung«

Halten Sie einmal kurz inne und überlegen Sie, welches Ihre sechs wichtigsten Geschäftspartner sind. Wann haben Sie ihnen zuletzt ein detailliertes Memo geschickt, in dem Sie den Status Ihrer Geschäftsbeziehung einer Prüfung unterzogen haben?

Aller Wahrscheinlichkeit nach lautet Ihre Antwort: »Noch nie.« Natürlich kenne ich auch Ihre Gründe dafür. Vermutlich treffen Sie diese Geschäftspartner ohnehin regelmäßig. Wozu soll dann ein Memo dienen, in dem Sie nur wiederholen, was alle schon wissen?

Ich sehe das anders. Für mich ist der regelmäßige Kontakt mit meinen wichtigsten Klienten gerade ein Argument *dafür*, ein Memo zum ›Status der Beziehung‹ zu schreiben. So schwierig es ist, zu bemerken, daß eine Person, die Sie jeden Tag sehen, Gewicht verloren hat oder grau geworden ist, so schwierig ist es auch, unmerkliche Veränderungen in einer regelmäßig gepflegten Geschäftsbeziehung zu entdecken. Bei Ihren Treffen konzentrieren Sie sich auf die unmittelbar anstehenden Fragen, während Probleme und Ihre Lösungsvorschläge aus der nahen oder fernen Vergangenheit unter den Tisch fallen. Deshalb hat ein Memo zum »Status der Beziehung« für beide Seiten Vorteile – und wenn Sie nur zeigen, welchen Weg Sie schon gemeinsam zurückgelegt haben.

Bei den Vorbereitungen zum vorliegenden Buch habe ich zahlreiche Memos gelesen, die ich in den vergangenen Jahren verfaßt habe. Am gelungensten fand ich die jährlich acht bis zehn Memos zum »Status der Beziehung«, allerdings haben sie mich auch am meisten Zeit und Arbeit gekostet.

So schrieb ich einmal ein dreizehn Seiten umfassendes, mit einzeiligem Abstand getipptes Memo über sämtliche Aktivitäten, die wir für einen Klienten im Lauf von zwei Jahren durchgeführt hatten, ohne ihm dafür ein Honorar in Rechnung zu stellen. Obwohl ich dem Memo keine Rechnung beilegte und nicht einmal über Geld redete, bestand die Reaktion aus einem zusätzlichen Scheck in sechsstelliger Höhe.

In einem anderen Memo ging ich auf neun von fünfzehn Seiten auf die Vertragsverhandlungen über Senderechte ein, die wir für einen renommierten Sportverband geführt hatten. Ich wollte damit demonstrieren, wie hart wir arbeiteten und welche Hindernisse wir überwinden mußten, um auf einem schwierigen Markt einen anständigen Vertrag zu sichern. Ich stellte mich nicht hin und sagte: »Hey, wir haben großartige Arbeit geleistet!« Das war gar nicht nötig. Mit den neun Seiten, auf denen ich unsere Strategie beschrieb, erreichte ich dasselbe.

In jedem Fall dienten diese Memos hauptsächlich dem Zweck, den Status der Geschäftsbeziehung zusammenzufassen. Ich wollte damit die Luft reinigen, Fakten besprechen, unsere Position skizzieren und dem Empfänger eine Gelegenheit geben, zu sagen: »Nein, wir sehen das aber anders.« Wenn ein derartiges Memo die Beziehung weiter festigt oder sogar finanzielle Vorteile bringt, dann ist das ein schönes Bonbon. Es ist auch ein Paradebeispiel für Memos, denen man ihr Eigeninteresse nicht ansieht.

Denken Sie vor diesem Hintergrund noch einmal darüber nach, ob Sie nicht doch anfangen sollten, jährliche Memos zum »Status Ihrer Beziehungen« zu schreiben. Die Empfänger können Ihre wichtigsten Kunden, Ihre Mentoren, Ihre engsten Kollegen oder vielleicht sogar Ihr Chef sein. Fangen Sie am besten gleich damit an.

2. Das Memo über einen Dritten

Alte Veteranen aus firmeninternen Schlachten und Scharmützeln wissen, daß man nie etwas Schlechtes über einen Dritten schreiben darf, wenn man nicht möchte, daß dieser es sieht – denn so sicher, wie auf den Tag die Nacht folgt, wird der Dritte davon erfahren.

Aus dieser unumstößlichen Tatsache kann man aber auch einen überaus nützlichen Umkehrschluß ziehen. Wenn ein Dritter sowieso immer zu Gesicht bekommt, was Sie über ihn schreiben, dann können Sie dies doch gleich einkalkulieren. Auf diese Weise können Sie Ihre Meinung äußern, ohne jemanden zu beleidigen.

Als CEO eines Unternehmens habe ich schon oft die Erfahrung gemacht, daß es sehr sinnvoll sein kann, an mich adressierte Memos interessierten Dritten zu zeigen. Ich stellte dies vor Jahren zum erstenmal fest, als wir Probleme mit einem engen Freund bekamen, der mit uns Geschäfte machte. Einer unserer Buchhalter kam zur Schlußfolgerung, daß die Firma meines Freundes uns drastisch überhöhte Rechnungen schrieb, während wir immer geglaubt hatten, einen Vorzugspreis zu bekommen. Ich fühlte mich nicht wohl dabei, meinen Freund des Betrugs zu beschuldigen. Meines Wissens war er über dieses Problem auch gar nicht informiert worden. Also schob ich den schwarzen Peter unserem Buchhalter zu. Ich nahm einfach das interne Memo, in dem er mich auf die überhöhten Rechnungen aufmerksam gemacht hatte, fügte eine Notiz bei, die lautete: »Was ist los?« und schickte das Ganze an meinen Freund. Das Problem wurde auf friedliche Weise zwischen den beiden Firmen gelöst, ohne daß unsere Freundschaft Schaden nahm.

Seit damals bin ich zu einem begeisterten Anhänger der Methode geworden, Memos für Dritte zu schreiben. Ich gebe viele Memos weiter. Häufig bitte ich Mitarbeiter sogar darum, interne Memos umzuschreiben, weil ich vorhabe, sie einem Dritten vorzulegen. Ich habe es auch zu großer Geschicklichkeit darin gebracht, zu erkennen, wann ich selbst der Dritte bin – wann ich also ein Memo zu Gesicht bekomme, das an einen anderen geschickt wurde, damit es schließlich bei mir landet.

Das Interessante daran ist, daß ich mich nicht gekränkt fühle, wenn ich feststelle, daß mit einem solchen Memo egoistische Motive verfolgt werden. Memos für Dritte stellen eine großartige Möglichkeit dar, eine kontroverse Meinung zum Ausdruck zu bringen, ohne unnötige Konfrontationen heraufzubeschwören. Meiner Meinung nach tragen sie mehr zur Verbesserung des Arbeitsklimas bei als alle anderen direkten Mitteilungen.

Eine Botschaft – zwei Mitteilungen

Die Unterschiede zwischen einer gelungenen und einer gescheiterten Botschaft sind manchmal so subtil, daß sie niemandem auffallen – außer den Empfängern. Aber wenn sie das Schriftstück erst einmal in den Händen halten, ist der Schaden schon angerichtet.

Ein Beispiel dafür sind die folgenden beiden Mitteilungen, die sich auf dasselbe Thema beziehen, nämlich Steuereinbehaltungen auf das Preisgeld eines Klienten. Zwei Manager in unserer Zentrale in Cleveland schickten sie per Fax am selben Tag an denselben Manager in unserem Büro in Tokio. Obwohl der Inhalt identisch zu sein scheint, trennen sie Welten, was ihre Effektivität angeht. Auf das Risiko hin, unsere Unternehmenswäsche in der Öffentlichkeit zu waschen, zitiere ich diese Mitteilungen, weil ich finde, daß man daraus viel lernen kann. Die erste lautet:

> Ich verstehe nicht, warum vom letzten Preisgeld des Klienten Steuern zurückbehalten wurden. Es ist wichtig, daß so etwas nicht passiert. Bitte sorgen Sie dafür, daß das Preisgeld ohne Steuerabzug überwiesen wird.

Memos wie diese bereiten mir Sorgen. Zum einen macht der erste Satz einen schlechten Eindruck. Er stellt entweder ein Eingeständnis der Ignoranz dar, oder er ist, falls er ironisch gemeint war, ein Zeichen der Arroganz.

Im zweiten Satz wird eine völlig banale Feststellung getroffen. Unsere japanischen Buchhalter wissen, daß es ihre Aufgabe ist, die Steuerlast eines Klienten zu minimieren. Niemand hat es gerne, wenn man ihm Vorträge hält, weder im persönlichen Gespräch noch per Fax.

Der dritte Satz ist rechthaberisch, aber nicht sehr hilfreich. Darin wird dem Empfänger gesagt, was er tun soll, aber nicht, wie er es tun soll. Er ist sehr vage, denn was genau bedeutet: »Sorgen Sie dafür ...«? Und er zeugt nicht von besonderer Rechtskenntnis. Steuereinbehaltungen sind vom Gesetz vorgeschrieben, unabhängig davon, ob diese Gesetze dem Verfasser der Mitteilung gefallen oder nicht. Selbst wenn man berücksichtigt, daß es sich um eine interne Kommunikation handelt, wo der Ton oft sehr brüsk ist, stellt dieses Memo keine Glanzleistung dar. Ich könnte es verstehen, wenn es ignoriert würde.

Das zweite Fax wurde am selben Tag von einem erfahreneren Manager geschickt und lautete:

> Ich habe die Überweisung des Preisgeldes für das Match der Teams USA gegen Japan erhalten. Ich habe festgestellt, daß vom Preisgeld 20 % abgezogen wurden. Ist das nicht unüblich? Ich dachte bisher, daß wir diese Verpflichtung zur Steuereinbehaltung in der Regel umgehen könnten. Unser Klient steht derzeit finanziell etwas unter Druck. Wenn es deshalb eine Methode gibt, diese Steuereinbehaltung zu umgehen, möchten wir sie wirklich gerne wahrnehmen. Gibt es eine Möglichkeit? Bitte teilen Sie mir mit, ob ich etwas tun kann, um dem Klienten zu helfen.

In diesem Schreiben wird nichts diktiert. Es enthält Vorschläge, aber keine Befehle, und trotzdem bittet der Manager eindeutig um eine Antwort. Wendungen wie »Ich habe festgestellt« und »Ich dachte« schwächen die implizite Kritik und verleihen dem Memo einen persönlichen Touch. Man meint die Stimme eines menschlichen Wesens zu hören. Der Schreiber vermutet vielmehr ein Problem und behauptet nicht, hier liegt eines vor. Außerdem hat er dem Empfänger höflich eine Tür offengelassen, damit er sich um die Lösung kümmert. Und er kennt das Wörtchen »bitte« – ein kleiner, aber nicht unwichtiger Punkt.

Besonders der fünfte Satz gefällt mir. Hier wirbt der Manager um das Mitgefühl seiner Kollegen in Tokio, indem er ihnen anvertraut, daß der Klient »finanziell unter Druck steht«. Durch die Preisgabe dieser Information hat er eine gewisse Bindung geschaffen.

Dieses Fax ist viel wirkungsvoller als das andere, weil darin ein angenehmer Ton angeschlagen wird. Fragen wie »Gibt es eine Möglichkeit...?« suggerieren die Bereitschaft zur Zusammenarbeit. In diesem Fax wird ein häufiges Problem, das seine Wurzeln in den Steuergesetzen hat, nicht so dargestellt, als wäre der Empfänger dafür verantwortlich.

Dr. Jekyll in Person, Mr. Hyde auf dem Papier

Einer unserer Topmanager warf mir einmal vor, in der Kommunikation mit unseren Mitarbeitern eine gespaltene Persönlichkeit zu haben. Er fand, daß ich Dr. Jekyll sei, wenn ich mit jemandem persönlich spreche oder telefoniere. Bei meinen regelmäßigen Kontakten mit den wichtigsten Mitarbeitern war ich stets höflich, bemüht, interessiert und entgegenkommend.

Er behauptete jedoch, daß etwas Merkwürdiges mit mir geschehe, wenn ich mit denselben Mitarbeitern schriftlich kommuniziere. Dann vollziehe sich meine Verwandlung in einen Mr. Hyde. Ich werde herrisch, herablassend und sarkastisch. Was diesen Manager verdroß, war ein bestimmtes Memo von mir, in dem ich einige Mitarbeiter mit der Aussage tadelte: »... was die ›reale Welt‹ angeht, falls Sie diese überhaupt kennen ...« Dieser Satz klang, als hielte ich sie entweder für inkompetent oder gefühllos im Geschäftsalltag.

Der Manager vermutete, daß mir mein leicht überheblicher Ton in meinen Memos vielleicht noch gar nicht aufgefallen sei. Er schlug mir vor, meine Vorzüge im persönlichen Umgang mit Menschen auch auf die schriftliche Kommunikation zu übertragen, um berechenbarer zu wirken.

Ich gebe zu, daß es vielleicht unbeherrscht war, unseren Mitarbeitern fehlenden Realitätsbezug zu unterstellen. Ich hätte mich bemühen können, weniger scharfe Worte zu finden.

Aber es stimmt nicht, daß ich nicht wüßte, wie sich meine schriftlichen Äußerungen auswirken. Ich wußte genau, was ich tat, als ich diese Sätze schrieb.

Ich stimme auch nicht zu, was die Tugend der Gleichmäßigkeit betrifft. Wenn überhaupt, dann bemühe ich mich nach Kräften um Unberechenbarkeit. Ich wollte ja gerade, daß die Empfänger meines Memos mein Mißfallen deutlich spürten. Der krasse Gegensatz meines Memos zu meinem ansonsten höflichen Umgang mit ihnen sollte dies verdeutlichen.

Ich habe es schon immer vorgezogen, in der Kommunikation nicht vorhersagbar zu sein. Dadurch bleiben die Mitarbeiter auf

Draht, und der leiseste Ansatz von Selbstgefälligkeit wird im Keim erstickt. Wenn Ihr Verhalten dagegen jederzeit berechenbar ist, ob im persönlichen oder schriftlichen Umgang, verlieren Ihre Worte irgendwann jede Bedeutung.

Aber mit seiner eigentlichen Aussage hatte der Topmanager sicherlich recht. Es macht einen himmelweiten Unterschied, ob man jemanden auf schriftlichem Weg oder im persönlichen Gespräch kritisiert. Schließlich können Sie ein sarkastisches Memo nicht mit einem Lächeln versehen.

Es ist eine Sache, einem Mitarbeiter zu sagen: »Halten Sie es nicht auch für den Gipfel der Dummheit, daß niemand von uns die Firma XYZ besucht hat, seit der Vertrag verlängert wurde?« Wenn Sie lächeln, während Sie das sagen, erkennt der Mitarbeiter, daß Sie Ihre Meinung sagen, sich aber nicht übermäßig aufregen. Wenn Sie dem Mitarbeiter jedoch diese Bemerkungen schreiben – und vielleicht auch noch Kopien an seine Kollegen schicken –, dann wirkt insbesondere die Wendung »Gipfel der Dummheit« wie ein Schlag ins Gesicht.

Wenn Sie diesen Effekt erzielen wollen, gut. Die Wirkung wird um so stärker ausfallen, je unerwarteter die Kritik kam, d. h. je unberechenbarer Sie gewesen sind.

Leider gehen die meisten Menschen nicht sorgfältig genug mit dem geschriebenen Wort um. Sie denken beim Schreiben von Briefen und Memos nicht darüber nach, welchen Effekt sie damit erzielen möchten. Statt dessen lassen sie ihren Emotionen und ihrem Ärger freien Lauf. Alle Feindseligkeiten kommen zum Vorschein, sobald sie anfangen zu schreiben. Aber am schlimmsten wirkt sich meist ein einziger, völlig überflüssiger Satz aus, nach dessen Niederschrift man sich besser fühlt, der aber völlig andere Auswirkungen auf den Leser hat.

Einmal bat ich einen unserer Seniormanager um den Entwurf eines Memos, in dem wir einem Mitarbeiter einen Bonus gewähren wollten. Von dieser Prämie wollten wir aber gleichzeitig eine bestimmte Summe einbehalten, die er dem Unternehmen schon seit längerem schuldete. Der Seniormanager informierte also den Mitarbeiter über den Bonus und erläuterte, warum wir ihm etwas abgezogen hatten. Dann schrieb er: »Wie Sie wissen, war Ihr Verhalten für mich Grund zu großer Verärgerung.«

Ich nehme an, daß der Manager sich gut dabei fühlte, als er den kleinen Zusatz am Ende schrieb. Aber ich schickte das Memo in dieser Form nicht ab.

Ich ließ die Absätze über den Bonus und den Abzug stehen. Aber wen interessiert es schon, ob ich mich über das Verhalten dieses Mitarbeiters einmal geärgert hatte? Der Mitarbeiter versteht ohnehin, was ich ihm eigentlich mitteile. Er wird nichts gegen einen unverhofften Bonus einwenden, und er kann auch nicht gegen den Abzug protestieren, weil er weiß, daß er uns das Geld schuldet. Aber meine Verärgerung zu erwähnen ist völlig überflüssig und auch fehl am Platz in einem Memo, in dem ich jemanden zu einer guten Leistung beglückwünsche.

Es ist also nicht verkehrt, in der Kommunikation zwei Gesichter zu haben. Ob Dr. Jekyll oder Mr. Hyde angemessen ist, kommt auf die Situation an. Wichtig ist nur, daß Sie selbst wissen, welche Rolle Sie spielen und warum, bevor Sie anfangen zu schreiben.

Wie erreichen Sie, daß Ihre Vorschläge gelesen werden?

Ich schreibe noch immer viele Angebote unserer Firma selbst. Es wäre wahrscheinlich besser, wenn ich mehr delegieren würde. Andererseits glaube ich, offen gesagt, daß von mir verfaßte Angebote eine größere Chance haben, in einem Unternehmen gelesen zu werden, das uns noch nicht gut kennt. Der folgende Grundkurs über das Verfassen von Angebotsschreiben hilft Ihnen bestimmt weiter:

1. Fassen Sie sich kurz

Was für Memos gilt, trifft auch auf Angebote zu. Bevor Sie Ihr 24 Seiten umfassendes Meisterwerk abschicken, sollten Sie sich fragen: Wann habe ich zuletzt bis Seite 24 eines Angebots gelesen?

2. Beschreiben Sie Ihre besten, aber nicht alle Ideen

Ich glaube, daß ein Angebot immer nach der schlechtesten Idee beurteilt wird, das es enthält. Jedenfalls scheint es immer jemanden im Unternehmen des potentiellen Klienten zu geben, der sich zielsicher auf genau diesen Vorschlag stürzt und ihn zerpflückt. Sie bekommen nie eine zweite Chance, ein erstes Angebot zu machen. Sparen Sie sich Ihre zweifelhaften Vorschläge also lieber für später auf, wenn die Beziehung schon etwas stabiler ist.

3. Denken Sie an den Leser

Viele Menschen berücksichtigen die Position des Empfängers eines Schreibens nicht, wenn sie überlegen, wie sie ihre Mitteilung am besten verfassen.

Mit unterschiedlichen Empfängern muß man über dieselben Themen unterschiedlich kommunizieren. Ihr Chef erwartet, daß er informiert wird. Ihre Kollegen möchten einbezogen werden. Ihre Untergebenen müssen unterwiesen werden.

Die Topmanager unseres Unternehmens wissen mittlerweile, daß mir bei den meisten Themen nur einige wenige Sätze genügen. Ich brauche keine historischen Rückblicke mit dem Titel: »Wie ich diesen Abschluß gewann«. Was ich will, sind simple Informationen darüber, wer was an wen für wieviel Geld verkauft hat.

Dieser knappe Ton ist aber im Umgang mit Kollegen und Untergebenen völlig unangemessen.

So benötigen Ihre Kollegen mehr Details – nicht nur, damit sie sich einbezogen fühlen, sondern auch, weil sie daraus lernen und Vorschläge für die zukünftige Arbeit machen können.

Den Untergebenen dagegen fehlt oft das nötige Wissen, um Ihre Geschäfte beurteilen zu können. Dieses Wissen betrachtet man für immer selbstverständlicher, je weiter man im Unternehmen aufsteigt. Deshalb ist es wichtig, daß Sie sich genügend Zeit nehmen, um Ihre Untergebenen genau ins Bild zu setzen.

Diese »Hierarchie der Kommunikation« mit Chefs, Kollegen und Untergebenen läßt sich auch auf das Verkaufen übertragen. Deshalb sollten Sie bei der Entwicklung Ihrer Verkaufspräsentation folgende Überlegungen nicht vergessen:

Chefs (CEOs, Topmanager) wollen strategische Antworten. Warum sollten wir auf diesem Markt sein? Welche langfristigen Auswirkungen hat dies? Welche Trends ahnen wir voraus?

Kollegen (Vice Presidents, Abteilungsleiter) wollen taktische Antworten. Wieviel wird das Projekt kosten? Wird dadurch meine Arbeit leichter? Kann ich meine Ergebnisse verbessern?

Untergebene (Linienführungskräfte, Ingenieure) wollen technische Details. Wie funktioniert es? Wird es lange halten? Paßt es?

In der Regel erreichen Sie nicht viel, wenn Sie mit Ingenieuren über die langfristige Unternehmensstrategie sprechen, und es gibt keine Entschuldigung dafür, den CEO mit technischen Details zu langweilen.

4. Spannen Sie Ihre Kollegen ein

Wenn es um Angebote geht, halte ich es für dumm, alleine zu arbeiten. Ich veranstalte deshalb immer eine Brainstorming-Sitzung, bevor ich mit der Ausarbeitung des Angebots beginne. Darin bitte ich unsere Manager um jeweils ein Dutzend Ideen, die für einen potentiellen Klienten in Frage kommen könnten. Dann wähle ich die besten Vorschläge aus und lasse sie in mein Angebot einfließen.

5. Interne Überlegungen

Am liebsten sind mir diejenigen Angebote, die ich nicht schreiben muß. Statt dessen schickt mir ein Kollege ein Memo darüber, was die Firma XY tun sollte. Ich stecke dieses Memo in einen Umschlag und füge ein Anschreiben an die betreffende Firma bei, in dem es heißt: »Vielleicht finden Sie einige Gedanken, die wir uns intern gemacht haben, interessant.« Auf diese Weise wird unserem Angebot die Aura des »Insiderwissens« verliehen und es wird garantiert gelesen!

Kapitel 8

Sprechen Sie gerne vor Publikum?

Wer würde bestreiten, daß es sich auf eine Karriere enorm vorteilhaft auswirken kann, wenn jemand die Fähigkeit beherrscht, vor einem großen Publikum zu brillieren? Das bedeutet natürlich nicht, daß nur begnadete Rhetoriker es im Geschäftsleben bis ganz nach oben schaffen. Einige der erfolgreichsten CEOs, die ich kenne, sind furchtbar schlechte Redner. Vor großem Publikum wirken sie bei weitem nicht so beeindruckend und überzeugend wie in einer kleinen Gruppe oder im Gespräch unter vier Augen.

Aber auch das Gegenteil trifft zu. Ich kenne einige Menschen, die ihre klügeren und talentierteren Kollegen nur deshalb schon längst auf der Karriereleiter überholt haben, weil sie die Fähigkeit besaßen, sich in der Öffentlichkeit darzustellen. Wenn Sie also glauben, es sei nicht wichtig, gute Reden halten zu können, dann sollten Sie dies überdenken.

Im Lauf der Jahre habe ich viele Ratschläge darüber gehört, wie man eine Rede hält. Einige davon sind sehr praktisch, etwa über die Gliederung von Reden: »Sagen Sie zuerst, was Sie dem Publikum sagen wollen. Dann sagen Sie es. Zuletzt sagen Sie, was Sie ihnen gesagt haben.«

Viele Ratschläge sind aber auch nutzlos: »Entspannen Sie sich.« »Seien Sie nicht nervös.« »Bringen Sie das Publikum dazu, daß es Sie mag.« »Strahlen Sie Selbstvertrauen aus.« Diese Highlights aus dem Ratgeberrepertoire klingen sicherlich sehr gut. Aber es ist praktisch unmöglich, sie durchzuführen. Genausogut könnten Sie einem kleinen Menschen vorschlagen, größer zu werden.

Die folgenden elf Punkte dagegen zeigen Ihnen nicht nur, wie Sie Ihre rhetorischen Fähigkeiten verbessern, sondern sie sind auch leicht umzusetzen:

1. Seien Sie nervös

Man hört immer wieder, daß die Angst vor dem Reden in der Öffentlichkeit die häufigste Phobie im Geschäftsleben sei.

Wer vor einer Rede aber keine Spur von Nervosität empfindet, belügt sich entweder selbst, oder er wird eine Bauchlandung erleben. Denn die Nervosität macht Sie hellwach und zwingt Sie dazu, sich gut vorzubereiten. Ich habe schon erlebt, wie die schüchternsten, farblosesten Menschen ihr Publikum fesselten, weil sie sich in ihrem Thema gut auskannten.

Ich glaube nicht, daß es so etwas wie die Angst vor öffentlichen Reden gibt. Ich glaube, daß es sich vielmehr um die Angst davor handelt, sich mit dem Thema nicht genug auszukennen und dann Angst zu haben, daß es jemand merkt.

2. Proben Sie

Ballettänzer proben deshalb so unerbittlich und hart, damit sie in den 20 Minuten, in denen sie auf der Bühne stehen, den Eindruck erwecken, als würden sie kaum arbeiten. Dasselbe gilt für das Reden in der Öffentlichkeit. Je ungezwungener und müheloser eine Rede wirkt, desto mehr Mühe hat sich der Sprecher bei der Vorbereitung gegeben. Deshalb sollten Sie nicht nur den Inhalt der Rede gut vorbereiten, sondern Sie sollten den Vortrag auch proben. Versuchen Sie es vor der Familie, Freunden, einem leeren Raum oder dem Spiegel. Mark Twain sagte: »Man braucht drei Wochen Zeit, um ein gutes informelles Gespräch vorzubereiten.« Damit hat er wahrscheinlich noch untertrieben.

3. Es gibt nie zu viele Anekdoten

Im Zweifelsfall sollten Sie immer eine Geschichte erzählen. Selbst wenn die Eleganz Ihres Vortrags zu wünschen übrig läßt, wenn er einen Anfang, eine Mitte und ein Ende hat, dann hören die Leute zu.

Anekdoten können Ereignisse aus der Gegenwart wie aus der Vergangenheit sein. Glauben Sie mir, wenn Sie eine interessante Parallele zwischen dem Trojanischen Krieg und dem Wettbewerb in Ihrer Branche ziehen können, ist es den Zuhörern egal, ob die Geschichte schon 3000 Jahre alt ist.

4. Lesen Sie nicht vom Blatt ab

Wenn Sie Ihre Rede von Anfang bis Ende vom Blatt ablesen, dann kann man dies kaum als »Reden in der Öffentlichkeit«, sondern eher als »Lesen in der Öffentlichkeit« bezeichnen – und das gilt bekanntermaßen als sehr unhöflich. Sie machen einen viel besseren Eindruck, wenn Sie Notizen mit den wichtigsten Punkten ausarbeiten und diese wie aus dem Handgelenk in Ihre Ausführungen einfließen lassen. Dadurch werden Sie gezwungen, Augenkontakt mit dem Publikum herzustellen, und Sie werden gezwungen, darüber nachzudenken, was Sie sagen. So erwecken Sie den Eindruck, Ihr Thema zu beherrschen, und Sie sprechen ganz natürlich.

5. Reichen Sie dem Publikum die Hände

Es gibt viele Methoden, um sich mit dem Publikum anzufreunden.

Die meisten Menschen fangen mit einem Scherz an. Erfahrene Redner wählen einen Witz aus, der einen Bezug zu den folgenden Bemerkungen herstellt. Aber viele machen einen beliebigen Scherz, um ihre menschliche Seite zu zeigen und eine Interaktion mit dem Publikum herzustellen. Aber es gibt auch noch andere Mittel, um diese wichtigen Ziele zu erreichen.

Ich kenne einen professionellen Seminarleiter, der seine Vorträge immer damit anfängt, daß er Bonbons ins Publikum wirft. Dies ist ein fast plumpes Mittel, um die Wand zwischen Sprecher und Publikum niederzureißen, aber es funktioniert immer. Es zwingt die Anwesenden, von ihren Stühlen aufzuspringen, um die Bonbons auffangen zu können. Ihr Herzschlag beschleunigt sich und sie werden hellwach. Außerdem ist es einfach eine nette Geste, Süßigkeiten zu verteilen.

Andere Sprecher beginnen, indem sie dem Publikum ein Rätsel stellen. Damit werden nicht nur die Hauptthemen des Vortrags umrissen, sondern der Redner gewinnt auch eine bessere Vorstellung vom Wissensstand des Publikums. Eine steife, formelle Zusammenkunft kann auf diese Weise in ein entspanntes Spiel verwandelt werden, an dem jeder teilnehmen kann.

Robert Strauss, der ehemalige amerikanische Botschafter in Rußland, leitete seine Reden über große geopolitische Fragen mit dem Satz ein: »Bevor ich diese Rede beginne, habe ich etwas zu sagen.« Seine Zuhörer verstehen diesen Einzeiler stets sofort.

Manche Gelegenheiten erfordern mehr als nur eine Abwandlung der üblichen Begrüßung. Ein Freund von mir hielt einmal in einer Kirche eine Lobrede und begann mit einem einfachen »Guten Morgen!« Er war überrascht, aber auch erfreut, als die Gemeinde einstimmig »Guten Morgen!« erwiderte. Auf diese Weise war sofort eine Verbindung hergestellt worden. Ich zweifle daran, ob Geschäftsleute in einem Konferenzsaal einen ähnlichen Gruß erwidert hätten. Aber in einer Kirche, wo die Gläubigen es gewohnt sind, dem Priester zu antworten, war dies absolut sinnvoll.

Sie sollten also Ihre Einleitung sowohl auf den Anlaß wie auf das Publikum abstimmen und sie möglichst kurz gestalten. Sobald das erste Lächeln auf den Gesichtern der Anwesenden erschienen ist, sollten Sie zum Thema kommen.

6. Machen Sie sich klar, worüber Sie sprechen

Wenn ich eine Rede halte, geht es immer um eines von zwei Themen. Rede ich vor Studenten oder Verkäufern, lautet mein Thema:

»Der gesunde Menschenverstand«. Für den gesunden Menschenverstand trete ich nämlich im Geschäftsleben ein, davon handeln all meine Bücher, und seiner Illustration dienen die Anekdoten, die ich erzähle. Mit seiner Hilfe können Sie jede Situation meistern. Von ihm lasse ich mich stets leiten, wenn ich einen Rat erteile.

Stehe ich vor Sportlern oder anderen Insidern der Sportbranche, ist mein Thema fast ebenso einfach: »Was in Amerika passiert, passiert irgendwann auch im Rest der Welt.« Das ist der Grundsatz, auf dem wir das Sportmarketing aufgebaut haben und die Formel, die für unsere Expansion in andere Länder galt. Wir sind davon in der Praxis nie abgewichen. Warum sollte ich dann in einer Rede über unsere Geschäftsmethoden davon abweichen?

Falls Sie also eine Rede halten und sich vorher nicht bewußt gemacht haben, auf welchem Fundament Sie diese aufbauen wollen, dürfen Sie nicht erwarten, daß Ihr Publikum zwischen den Zeilen lesen kann. Daraus folgt: Vergewissern Sie sich Ihres Themas und legen Sie es deutlich dar.

7. Machen Sie sich klar, welchem Zweck Ihre Rede dienen soll

Ich begann das vorliegende Buch, indem ich mir aus dem Stegreif eine Liste der Ziele in der Kommunikation notierte. Auch eine Rede braucht immer einen Zweck. Mit einer Rede können Sie Ihre Zuhörer anfeuern, ihnen etwas erklären, sie um Unterstützung bitten, ihnen danken oder auch widersprechen, sie überzeugen oder Ihren Standpunkt verdeutlichen. Diese Liste ließe sich noch lange fortsetzen. Aber auch hier gilt wieder: Wenn Sie kein Ziel verfolgen, erreichen Sie beim Publikum auch nichts.

8. Finden Sie Ihren eigenen Rhythmus

Jeder Redner hat ein individuelles Tempo und seinen eigenen Rhythmus. Ein Baptistenpriester kann eine Predigt wie Dichtung und einen Chor wie einen Popsong klingen lassen.

Ich kann das von mir nicht behaupten. Allerdings kenne ich meine Grenzen und weiß auch, in welchem Tempo und Rhythmus ich am besten vortragen kann.

So halte ich viel von Aufzählungen, wie Ihnen sicher schon aufgefallen ist. Aufzählungen bestimmen auch das Tempo meiner Reden.

Wenn ich etwa eine Rede über »Qualität in der Beratungsbranche« halte, dann decke ich sieben zentrale Punkte ab und gehe diese der Reihe nach durch. Wenn ich darüber spreche, welche Sportart als nächstes einen Boom erleben wird, behandle ich fünf Kriterien, die dazu erfüllt sein müssen.

Diese Methode ist nicht auf meinem Mist gewachsen. Die Zahl der Vorträge von Geschäftsleuten wäre auf die Hälfte reduziert, wenn niemand mehr Reden halten dürfte, die folgende Titel tragen: »Die zehn wichtigsten Trends für die Wirtschaft im 21. Jahrhundert« oder: »Zehn Irrtümer, mit denen Frauen ihr Leben durcheinanderbringen.«

Aufzählungen sind ein ganz banales Mittel und enthalten oft genug Klischees. Aber sie funktionieren.

9. Prägen Sie einen wichtigen Satz

Eine gute Rede sollte mindestens einen Satz enthalten, der dem Publikum im Ohr bleibt.

Ich selbst habe eine 90-Minuten-Rede über das Verkaufen und Verhandeln im Repertoire, die mangels einer besseren Idee den Titel trägt: »Was Sie an der Harvard Business School nicht lernen.« In dieser Rede erzähle ich Dutzende von Anekdoten aus meiner Vergangenheit, die letztlich alle das Thema »gesunder Menschenverstand« illustrieren. Ich bezweifle, ob die Zuhörer sich am nächsten Tag noch an zehn Prozent dessen erinnern, was ich gesagt habe. Aber ein Satz bleibt ihnen immer im Gedächtnis, und er handelt von Geschäften mit Freunden: »Wenn alle Faktoren gleich sind, ist es wunderbar, mit einem Freund Geschäfte zu machen. Und wenn die Faktoren weniger gleich sind, dann sollten Sie immer noch Geschäfte mit ihm machen.«

Aus irgendeinem Grund schlägt der Satz: »Wenn die Faktoren weniger gleich sind...« bei den Zuhörern eine bestimmte Saite an. Dieser Satz handelt eigentlich davon, wie wichtig es ist, Beziehungen aufzubauen und zu pflegen.

Die Erfahrung hat mich gelehrt, daß dieser Satz sehr wirkungsvoll ist. Also verwende ich ihn weiter.

Wenn Sie keinen ähnlichen Satz haben, der dem Publikum im Gedächtnis haften bleibt, dann sollten Sie sich schleunigst einen ausdenken.

10. Überstrapazieren Sie die Geduld des Publikums nicht

Franklin D. Roosevelt hatte eine prägnante Formel für Reden: »Seien Sie ehrlich, fassen Sie sich kurz, setzen Sie sich.« Es ist kaum zu glauben, um wieviel besser eine einstündige Rede klingt, wenn man sie in einer halben Stunde hält. Außerdem schaffen Sie sich damit ein überaus dankbares Publikum, wenn Sie diese Leistung zustande bringen.

Wenn Sie daran zweifeln, ob Sie einen Punkt noch nennen oder lieber darauf verzichten sollten, dann entscheiden Sie sich für das letztere.

11. Schreiben Sie Ihre eigene Begrüßung

Ich begann vor einigen Jahren, meine Begrüßung durch den Gastgeber bei Vorträgen selbst zu schreiben. Ich hatte nämlich festgestellt, daß die einleitenden Sätze, mit denen ich dem Publikum vorgestellt werden sollte, oft genug auf völlig veralteten Artikeln und Informationen über mich und unser Unternehmen basierten. Dann mußte ich den ersten Teil meiner Rede damit verbringen, diese Bemerkungen zu korrigieren. Dies ist weder ein aufregender Auftakt zu einer Rede noch eine angenehme Angelegenheit für den Gastgeber.

Seit ich die Begrüßungsworte selbst schreibe, habe ich auch viel mehr Kontrolle darüber, wie das Publikum mich aufnimmt. Meine Texte sind natürlich so objektiv, daß die Zuhörer glauben müssen, ich sei das großartigste Phänomen seit der Erfindung von Schnittbrot. Ich bekomme Applaus dafür, egal wer sie vorliest. Das ist eine sehr nette Begrüßung, wenn man sich auf das Podium begibt.

Die eigene Begrüßung zu schreiben ist beileibe kein Egotrip, sondern gutes Geschäftsgebaren. Wenn man bedenkt, wie viele Menschen das Schreiben von Begrüßungsworten als lästige Pflicht betrachten, tun Sie Ihrem Gastgeber sogar einen großen Gefallen. Die Gastgeber werden natürlich genau lesen, was Sie geschrieben haben. Wenn Sie das Publikum mit dieser Taktik nicht auf Ihre Seite bringen, dann liegt die Schuld ganz alleine bei Ihnen.

Ein Scherz ist immer am besten – aber was ist das zweitbeste?

Ich glaube, daß die beiden schwierigsten Dinge im Leben die sind, einen Golfball in die ungefähre Richtung des Lochs zu schlagen und in einer Rede humorvoll zu sein.

Leider kann ich für beide Probleme kein Wundermittel anbieten. Wenn ich an all die Stunden zurückdenke, die ich mit dem vergeblichen Versuch verbracht habe, einen merkwürdig eingedellten weißen Ball ins Loch zu befördern, dann fällt mir kein einziger Rat ein, wie man ein besserer Golfspieler werden könnte.

Dasselbe gilt mehr oder weniger für den Humor in einer Rede. Echten, ansteckenden Humor in eine Rede zu bringen, ist ebenso schwierig, wie Golf zu spielen. In beiden Fällen handelt es sich um eine natürliche Begabung, die man früh im Leben ausgebildet hat. Entweder können Sie andere zum Lachen bringen, oder Sie können es nicht. Entweder sehen Sie die komische Seite einer Situation, oder Sie sehen sie nicht. Wenn es Ihnen fremd ist, im Gespräch unter vier Augen Scherze zu machen, dann werden Sie sicherlich auch vor einem großen Publikum nicht plötzlich Ihr komisches Talent entdecken.

Das Problem besteht natürlich auch darin, daß man nicht nur Humor braucht, sondern auch schauspielerische Fähigkeiten, um mit dem Humor die gewünschten Effekte zu erzielen. Die wenigsten Menschen besitzen die geeignete Stimme, das Gefühl für den richtigen Zeitpunkt, die darstellerischen Fähigkeiten und das Selbstvertrauen, um andere mit ihrem Humor zu verblüffen. Und die wenigsten Menschen können einschätzen, wie ihr vermeintlicher »Humor« beim Publikum ankommt. Die Linie zwischen einem lustigen und einem platten Scherz ist oft schwer zu bestimmen.

Deshalb kann man Rednern nur empfehlen, sich keine zu hohen Ziele zu setzen, wenn es um den Humor geht. Wenn Ihnen das Talent fehlt, Ihr Publikum durch Witze in Stimmung zu bringen, bleibt jedoch immer noch die Möglichkeit, charmant zu sein. Nicht jeder kann eine humorvolle Rede halten, aber jeder kann charmant sein. Charme ist nicht nur das zweitbeste Mittel nach dem Humor, sondern er läßt sich auch leicht vermitteln. Dazu brauchen Sie nur die folgenden Regeln zu beachten:

1. Entschuldigen Sie sich für Ihre Einmischung

Eine Rede stellt per definitionem eine Einmischung dar. Wenn die Zuhörer nicht gerade aus eigener Initiative gekommen sind, um eine Rede zu hören, würden sie lieber etwas anderes tun. Sie gewinnen Pluspunkte beim Publikum, wenn Sie diese Tatsache durch eine einleitende Entschuldigung zur Kenntnis nehmen, so unehrlich diese auch sein mag. Mit diesem Schachzug sichern Sie sich sofort die Aufmerksamkeit, die Anerkennung und vielleicht sogar die Zuneigung Ihres Publikums.

2. Schrauben Sie die Erwartungen des Publikums herunter

Die meisten Redner verweisen zu Beginn ihrer Rede auf ihre bisherigen Leistungen. Sie erklären, aufgrund welcher Verdienste sie gerade auf dem Podium stehen und glauben, die Aufmerksamkeit Ihrer Zuhörer beanspruchen zu können. Sie sind gut beraten, wenn Sie sich bei diesen Erläuterungen soviel Demut und Zurückhaltung wie möglich auferlegen. Je mehr Selbstironie Sie anklingen lassen, desto mehr Sympathie wird man für Sie empfinden, weil Sie sich als Identifikationsfigur anbieten, auch wenn Sie das gar nicht sind.

Außerdem verhindern Sie mit einer solchen Einleitung, daß das Publikum allzu hochgesteckte Erwartungen hat. Wenn Sie sich am Anfang selbst über den grünen Klee loben, erwartet das Publikum eine Rede, die Ihren großspurigen Ankündigungen entspricht. Diesen Erwartungen kann man manchmal nur schwer gerecht werden. Wenn Sie sich andererseits in bescheidener Selbstironie üben, hat das Publikum von vornherein keine übersteigerten Erwartungen und wird dann um so angenehmer überrascht sein, wenn Sie sie übertreffen.

Wenn Sie die Meßlatte senken, ist es einfacher, die Hürde zu überwinden.

3. Werden Sie ernst

Eine Rede kann nicht nur aus charmanten Sprüchen bestehen. Irgendwann müssen Sie auch ernst werden. Das Publikum braucht Stoff zum Nachdenken. Das kann eine Geschichte mit einer Moral sein, eine Lektion über das Leben, der Augenblick einer wichtigen Erkenntnis oder einfach nur ein Grußwort an einen Anwesenden.

Ein ernster Ton, wie kurz oder zufällig er erscheinen mag, setzt einen gelungenen Gegenpunkt zu Ihren humorvollen Bemerkungen. Sie benötigen also den ernsten ebenso wie den lockeren Ton, weil sich sonst keines der beiden Elemente voneinander abhebt.

4. Kommen Sie bald zum Ende

Es gibt nichts Netteres und nichts, was das Publikum mehr zu schätzen wüßte, als eine Rede zu beenden, *bevor* das Publikum das

Ende herbeisehnt. Warten Sie also nicht zu lange, um Ihre Botschaft zu vermitteln. Das Publikum spürt es sofort, wenn eine Rede an Schwung verliert. Langeweile findet niemand charmant.

Kapitel 9
Auf Jobsuche

Der Lebenslauf in Ihrem Kopf

Einmal unterhielt ich mich mit einem Freund über die zahllosen Bewerbungen, die uns jedes Jahr hoffnungsvoll zugeschickt werden. Ich sagte, wie frustrierend ich es fände, all diese herausragenden Lebensläufe zu sehen und gleichzeitig zu wissen, daß unsere Firma keine freien Stellen zu besetzen habe. Ich fand es sehr schade, daß wir eine ganze Generation talentierter junger Menschen wegschicken mußten, womöglich gar zur Konkurrenz.

Mein Freund versetzte mich jedoch mit seiner Sichtweise in Erstaunen.

»Ich sehe das überhaupt nicht so«, sagte er. »Das einzig Frustrierende an all diesen Lebensläufen ist ihre unglaubliche Einförmigkeit. Alle Bewerber können gute Abschlußnoten, perfekte Referenzen, interessante außerberufliche Aktivitäten, MBAs der besten Institute, manche sogar Berufserfahrung vorweisen. Ich möchte nur ein einziges Mal einen Lebenslauf sehen, der mir etwas über den Charakter des Betreffenden sagt – darüber, wer er wirklich ist. Nur einmal möchte ich den Lebenslauf lesen, den der Bewerber im Kopf hat, nicht den auf dem Papier.«

Natürlich weiß ich, was er damit meint. Zwischen den Leistungen, die jemand in Gedanken für sich wertschätzt, und denen, die er auf dem Papier präsentiert, können Welten liegen.

Ich sehe das auch in meinem Fall. Zwar mußte ich in 35 Jahren keinen einzigen Lebenslauf schreiben, aber ich redigiere häufig das biographische Material und die Informationen, die über mich und unser Unternehmen verbreitet werden. Diese Daten klingen fast wie ein Lebenslauf. Ich habe auf dem College Golf gespielt, wurde zum Rechtsanwalt ausgebildet, habe Arnold Palmer kennengelernt, die Grundsteine für eine neue Branche, das Sportmarketing, gelegt, ein internationales Unternehmen mit 2000 Mitarbeitern in 71 Büros in 22 Ländern aufgebaut ...

Dies sind meine Leistungen auf dem Papier.

Aber wenn ich ganz ehrlich bin, muß ich zugeben, daß ich auf einige andere Leistungen viel stolzer bin.

Da ist etwa die Tatsache, daß ich Palmer, Player und Nicklaus zehn Jahre lang beraten habe, worin die meisten Menschen eine Konfliktsituation sehen würden. Dies sagt meiner Meinung nach viel über meine Fähigkeiten im Umgang mit Menschen aus.

Weiterhin bin ich sehr stolz darauf, daß unsere Topmanager im Durchschnitt seit 22 Jahren im Unternehmen sind. Dies sagt meiner Meinung nach sehr viel über unsere gegenseitige Loyalität aus.

Dann wären da noch meine Beiträge zum Golfsport zu erwähnen, daß ich seit 30 Jahren ein Golfjahrbuch herausgebe, oder die Begründung der Sony-Rangliste.

Vielleicht ist es auch die Tatsache, daß ich vor zwölf Jahren dem Sohn eines Freundes einen Gefallen erwies, der ihm den Start ins Geschäftsleben ermöglichte.

All diese Punkte vermitteln einen weit besseren Einblick in meinen Charakter. Trotzdem würde wohl keiner davon in einem Lebenslauf auftauchen. Es wäre nämlich sehr schwierig, ihre Bedeutung auszudrücken, und selbst wenn es mir gelänge, würde es fast wie Prahlerei klingen.

Vor genau demselben Problem stehen Bewerbungskandidaten.

Nehmen wir an, daß Sie Ihren besten Freund vor dem Ertrinken gerettet haben oder 86 Sonntage hintereinander in der Suppenküche für Wohnungslose geholfen haben, einfach weil Sie sich dazu berufen fühlten. Diese Informationen, und mögen sie noch so aussagekräftig sein, eignen sich kaum dazu, in einen herkömmlichen Lebenslauf aufgenommen zu werden.

Trotzdem würde ich als zukünftiger Arbeitgeber gerne etwas davon erfahren, weil mir dann die Auswahl zwischen mehreren Kandidaten mit scheinbar gleichen Voraussetzungen leichter fallen würde.

Einer der Gründe dafür, warum derartige Informationen nicht in den Bewerbungsunterlagen auftauchen, ist wohl der, daß die Kandidaten ohnehin nicht glauben, den IBMs und General Electrics dieser Welt mit ihrer Freiwilligenarbeit in der Suppenküche imponieren zu können. Vermutlich glauben sie, daß die Personalmanager bei IBM und General Electric viel tiefer beeindruckt wären, wenn sie die studentische Selbstverwaltung am College geleitet hätten oder die jährlichen Ehemaligentreffen organisieren würden.

Ein weiteres Problem besteht darin, daß es fast unmöglich ist, diejenigen Leistungen, die man für sehr wichtig und herausragend hält, in einem dem Anlaß angemessenen Stil zu Papier zu bringen. »Besten Freund vor dem Ertrinken gerettet« sieht einen Absatz unter Ihrem Notendurchschnitt irgendwie fehl am Platz aus. Und wenn Sie schreiben, daß Sie in einer Suppenküche mitarbeiten, kann sich dies ebensogut als Bumerang erweisen. Vielleicht hält der Personalmanager Sie für einen besonders berechnenden Menschen, weil er glaubt, Sie würden Ihr Ehrenamt hauptsächlich deshalb wahrnehmen, um damit Eindruck zu schinden.

Es ist auch nicht viel leichter, diese Leistungen im persönlichen Gespräch anzuführen – nicht einmal dann, wenn Ihr Gegenüber von Ihrem Lebenslauf aufblickt und sagt: »Nun gut, nun sagen Sie mir mal, was Sie wirklich mögen.«

Welche Möglichkeiten haben Bewerber dann überhaupt, wenn sie auf Leistungen hinweisen wollen, auf die sie besonders stolz sind?

Der erste Schritt besteht darin, vorsichtig, aber nicht schüchtern, darüber zu reden. Bewerber sollten klug genug sein um zu wissen, daß ihre potentiellen Arbeitgeber, so wie mein Freund, diese Art von Informationen geradezu gierig verschlingen.

Im zweiten Schritt sollten Sie die Möglichkeit in Betracht ziehen,

Ihre besonderen Leistungen nicht selbst zu beschreiben, sondern dies anderen zu überlassen. Dazu sind Referenzen da. Wenn ich einem potentiellen Arbeitgeber mitteilen möchte, daß ich meinen besten Freund vor dem Ertrinken gerettet habe, würde ich diesen Freund als Referenz angeben und ihn zu diesem Zweck einfach als »Freund« bezeichnen. Wenn ich will, daß ein Arbeitgeber von meiner Freiwilligenarbeit in der Suppenküche erfährt, dann nenne ich eben den Leiter der Suppenküche als Referenz und bezeichne ihn als »Leiter der Suppenküche«. Ich garantiere, daß derartige Referenzen Ihren potentiellen Arbeitgeber sehr neugierig machen, viel neugieriger als die Nennung von drei Managern oder Professoren.

Diese Methode ist kein Zeichen für einen verschlagenen oder berechnenden Charakter. Sie ermöglicht lediglich, daß anerkennenswerte Menschen ihre eigentlich wichtigen Leistungen präsentieren und es so den Arbeitgebern erleichtern, ihren Charakter besser einzuschätzen.

Nicht mit dem Lebenslauf, sondern mit dem Anschreiben schinden Sie Eindruck

Ich bin immer wieder erstaunt darüber, wieviel Mühe und Zeit viele Bewerbungskandidaten für die Erstellung ihres Lebenslaufs aufwenden. Sie verbringen Stunden, vielleicht sogar Tage damit, jede Zeile zu überarbeiten, in der sie ihre beruflichen Erfahrungen beschreiben. Dann zeigen sie ihr Werk allerhand Freunden und bitten sie um Verbesserungsvorschläge, was unweigerlich zu einer erneuten Überarbeitung führt. Schließlich wählen sie eine Schriftart aus, die ihre Persönlichkeit »ausdrückt«. Manche verbringen Stunden damit, sich über die Farbe, das Gewicht und die Beschaffenheit des Papiers Gedanken zu machen, auf dem sie ihren Lebenslauf ausdrucken.

Verstehen Sie mich nicht falsch. Ich kritisiere niemanden deshalb, weil er sich Zeit nimmt, einen guten Lebenslauf zu schreiben, der die eigenen Vorzüge hervorhebt. Aber all diese Bemühungen scheinen mir unsinnig. Ich glaube, daß gemeinhin überschätzt wird, welche Rolle die Lebensläufe tatsächlich in den Personalabteilungen spielen. Manche Bewerber scheinen zu glauben, daß ihr zukünftiger Arbeitgeber zwischen den Zeilen lesen und auf diese Weise ihr Innerstes ergründen könnte.

Die Wahrheit ist viel banaler.

Für die meisten Menschen in den meisten Firmen ist das Lesen von Lebensläufen eine Aufgabe, der sie eher Sekunden als Minuten oder Stunden widmen. Sie halten einen Lebenslauf in den Händen und vergleichen die Erfahrung des Kandidaten mit den Arbeitsplatzanforderungen. Wenn sie einen Vertriebsleiter suchen, sortieren sie jeden Lebenslauf aus, in dem keine Vertriebserfahrung nachgewiesen wird. Da ist nun wahrlich kein Platz für Geheimnisse oder versteckte Hinweise in einem Lebenslauf.

Ich weiß von mir selbst, daß ich gar nicht erst lange versuche, zwischen den Zeilen eines Lebenslaufes zu lesen. Wenn ich Fragen habe, stelle ich sie im persönlichen Gespräch, wo ich eine konkrete Antwort erhalte.

Vermutlich würde ich mehr Signale in den Lebensläufen, die über meinen Schreibtisch gehen, entdecken, wenn ich mir mehr Zeit dafür nehmen würde. Es gibt immerhin einige Anhaltspunkte, bei denen man aufmerksam werden sollte. Aber diese können auch zu falschen Schlußfolgerungen führen. Wenn ein Kandidat in den vergangenen vier Jahren alle zehn Monate den Arbeitgeber gewechselt hat, kann dies ein Zeichen für Sprunghaftigkeit und Instabilität sein. Aber vielleicht hat der Kandidat für jeden Wechsel einen guten Grund gehabt, seien es betriebsbedingte Kündigungen oder der Stellenwechsel des Ehepartners. Die Wahrheit erfahren Sie erst, wenn Sie ihn sehen. Wenn Sie das Signal im Lebenslauf also mißverstanden haben, entgeht Ihnen vielleicht ein großartiger Mitarbeiter.

Meiner Erfahrung nach ist das Anschreiben, das einem Lebenslauf beiliegt, ein weit vielsagenderes Dokument und ein besserer Indikator für die Eignung eines Kandidaten. Lebensläufe sind per definitionem allgemein. Sie werden nach einem Standardformat geschrieben, und nachdem sie lange genug poliert worden sind, fehlt ihnen jede persönliche Note. Sie könnten jedermann gehören.

Dagegen erfordern Anschreiben schon etwas mehr Einfallsreichtum. Hier können sich die außergewöhnlichen Kandidaten von den anderen abheben.

Ein gutes Anschreiben sagt mir etwas über die Fähigkeit eines Kandidaten, seine Gedanken artikulieren zu können. Ein Anschreiben, das im trockenen, künstlichen Ton einer Aktennotiz geschrieben ist, sagt natürlich auch etwas über den Kandidaten aus, allerdings nichts Positives.

Einem Anschreiben, in dem mein Name falsch geschrieben ist, entnehme ich Hinweise auf die Sorgfalt bzw. mangelnde Sorgfalt eines Kandidaten.

Ein Anschreiben, in dem eine kluge Idee vorgetragen wird, deutet auf die Fähigkeit zum selbständigen, couragierten Denken hin. Diese Eigenschaft läßt sich einem Lebenslauf normalerweise nicht entnehmen.

Auch Kleinigkeiten können wichtige Signale aussenden. So erhielt ich neulich einen beeindruckenden Lebenslauf, doch was den Ausschlag für die Kandidatin gab, war ihr ansprechendes Anschreiben und die Tatsache, daß sie das Wort »Résumé« mit den korrekten französischen Accents schrieb. Diese scheinbare Nebensächlichkeit deutete auf den Perfektionismus hin, der in einer unserer Abteilungen gefragt war. Ich leitete ihre Unterlagen an einen Manager weiter, der eine Assistentin suchte. Sie beeindruckte in persona ebenso wie auf dem Papier und bekam die Stelle.

Drei sichere Methoden, um das Bewerbungsgespräch zu verderben

Wenn man in den Buchhandlungen die Regale voller Bewerbungsratgeber sieht, könnte man meinen, daß jeder Kandidat gleich beim ersten Versuch einen Job finden müßte. Die Grundregeln – pünktlich zu erscheinen, auf einen festen Händedruck zu achten, erst nach einer Aufforderung Platz zu nehmen, was gute Manieren beweist, selbstbewußt aufzutreten, ohne aufzuschneiden, das Gespräch nicht in die Länge zu ziehen – sind einfach und leicht zu befolgen.

Aber ich habe festgestellt, daß viele junge Bewerbungskandidaten neue Methoden gefunden haben, ihre Chancen gegen Null zu senken. Die folgenden drei Fehler fallen mir bei den Kandidaten in unserem Unternehmen immer wieder auf:

1. Sie schicken keinen Dankeschönbrief

Dabei raten sämtliche Bewerbungsratgeber und Etikettenbücher unisono dazu, einen solchen Brief zu schreiben. Damit stellen Sie nicht nur Ihre Höflichkeit unter Beweis, sondern Sie nutzen eine zusätzliche Chance, sich bei Ihrem zukünftigen Chef noch einmal in Erinnerung zu bringen. Außerdem demonstrieren Sie mit Ihrem Eifer, daß Sie an der Stelle wirklich interessiert sind. Dieser Faktor kann gar nicht genug betont werden. Wenn alle anderen Voraussetzungen gleich sind, könnte dies die Waagschale zu Ihren Gunsten beeinflussen.

Aber ein Dankeschönbrief stellt auch eine Gelegenheit dar, etwas Besonderes zu tun. Einer unserer Manager führte einmal Vorstellungsgespräche mit potentiellen Assistenten, die herausragende organisatorische Fähigkeiten mitbringen sollten. Eine Kandidatin scherzte, daß sie sogar die Strümpfe in ihrer Schublade perfekt geordnet habe. Als sie ihren Dankeschönbrief schickte, fügte sie einen Polaroidschnappschuß der besagten Schublade bei. Diese Idee mag nicht weltbewegend sein, aber sie zeugt von Charme und Einfallsreichtum. Die Bewerberin bekam den Job. Ihr Brief hatte den Ausschlag gegeben.

2. Sie lassen sich auf Auseinandersetzungen ein

Natürlich haben Interviewer alle möglichen Fangfragen und Fallen in petto, um Kandidaten aus der Reserve zu locken, ihren Einfallsreichtum zu testen oder zu sehen, wie sie unter Streß reagieren.

Viele Interviewer suchen auch gezielt nach besonders willensstarken Kandidaten, die keine Angst davor haben, ihre Meinung zum Ausdruck zu bringen. Aber ich kenne keinen einzigen Manager, der beeindruckt ist, wenn ein Bewerber schon beim ersten Treffen eine Gegenposition einnimmt.

In diese Falle tappt man schneller, als Sie glauben. So erwähnte einmal einer unserer Manager während eines Interviews ein Lieblingsprojekt. Der junge Kandidat, eifrig bemüht, sein breitgefächertes Wissen unter Beweis zu stellen, hob zu einer unerbetenen Kritik des Konzepts an und erläuterte, warum es nicht funktionieren würde. Unser Manager gab dem jungen Mann noch eine Chance, sich eines Besseren zu besinnen, indem er etwas Positives über das Projekt sagte, aber der junge Mann beharrte auf seiner Sichtweise. Diese Form des Angriffs mag vielleicht funktionieren, wenn man erst einmal in der Firma drin ist, aber nicht, wenn man an die Tür klopft.

Denken Sie daran, daß Sie sich in einem Interview verkaufen müssen. Selbst der naivste Verkäufer weiß, daß er sich mit seinen Kunden auf keine Auseinandersetzungen einlassen darf. Sie sollten es auch wissen.

3. Sie schielen schon auf die Beförderung

Dieses ist der schlimmste Fehler, der einem Bewerber im Vorstellungsgespräch unterlaufen kann. Er bewirbt sich für eine ausgeschriebene Position, läßt aber gleichzeitig unmißverständlich durchblicken, daß er eigentlich an der Stelle interessiert ist, die eine Stufe höher angesiedelt ist. Nicht, daß Arbeitgeber etwas gegen den Ehrgeiz der Bewerber einzuwenden hätten. Jedes Unternehmen sucht kluge, ehrgeizige Mitarbeiter.

Aber wenn ein Vorgesetzter mit einem Bewerber ein Vorstellungsgespräch führt, will er in der Regel eine spezifische Stelle baldmöglichst besetzen. Und er hat die legitime Erwartung, daß der Kandidat mindestens ein Jahr lang auf seinem Platz bleibt, denn er legt keinen gesteigerten Wert darauf, dieselbe Stelle alle zwei oder drei Monate neu auszuschreiben.

Behalten Sie Ihren Ehrgeiz deshalb für sich. Bevor Sie sich auf größere Ziele stürzen, müssen Sie einen Fuß in die Tür bekommen. Das gelingt Ihnen nicht, wenn Sie schon vor dem ersten Arbeitstag nach der Beförderung schielen.

Briefe, die ich ignoriere

Beim Schreiben von Geschäftsbriefen beachte ich das Gesetz vom abnehmenden Rückfluß. Je länger ein Brief gerät, desto unwahrscheinlicher ist es, daß er beantwortet wird. Ich kann bestätigen, daß dieses Gesetz zutrifft, denn ich weiß, wie viele lange Briefe ich selbst ignoriert habe.

Man sollte glauben, daß sich dies mittlerweile herumgesprochen hat. Vielbeschäftigte Manager wollen nun einmal nicht mit langen Briefen aufgehalten werden, selbst wenn diese hervorragende Vorschläge beinhalten.

Vielleicht glauben die Verfasser dieser Briefe, daß sie den Empfänger durch die schiere Anzahl der Seiten beeindrucken könnten (falsch!). Oder sie meinen, eine wirklich gute Idee müsse auf mindestens fünf Seiten erklärt werden. Wenn sie wirklich so gut ist, reichen zehn Wörter. Oder sie meinen, daß der Empfänger von der Länge des Briefes auf die Qualität des Inhalts schließt. Meist trifft das Gegenteil zu.

Aber neben der Länge gibt es noch weitere Gründe, warum Briefe nicht beantwortet werden:

1. Der Absender stellt zu hohe Ansprüche

Wer einen Brief schreibt und darin unangemessene Bitten stellt, hat ebenfalls gute Chancen, ignoriert zu werden.

Ein Geschäftspartner in London erzählte mir in einem Brief einmal von seinem 13jährigen Sohn, der ins Sportgeschäft wollte. Der Vater bat mich um Rat, wie er seinem Sohn den Weg in diese

Zukunft ebnen könnte, indem er mich wörtlich aufforderte, ihm einen mindestens vierseitigen Brief zukommen zu lassen, der alle Wege und Alternativen aufzeigen sollte. Dieser Aufwand wäre für mich aber zu hoch gewesen, ganz zu schweigen von der Tatsache, daß dies ohnehin die Aufgabe des Vaters gewesen wäre. Schließlich schrieb ich ihm einen einseitigen Brief. Aber derartige Bitten gehören fast schon zu denen, die ich ignoriere.

Tragen Sie deshalb einfache Bitten vor. Schreiben Sie: »Denken Sie darüber nach«, oder: »Lesen Sie das und rufen Sie mich dann an, um darüber zu sprechen«. Wenn Sie leicht erfüllbare Bitten stellen, ist die Wahrscheinlichkeit höher, daß sie auch erfüllt werden.

2. Keine Adresse auf dem Briefpapier

Nicht jeder benutzt Firmenpapier für seine Korrespondenz. Viele verwenden ihr privates Briefpapier, auf dem nur der Name aufgedruckt ist, so daß ihre Adresse nur auf dem Umschlag auftaucht. Leider haben Briefumschläge die unangenehme Eigenschaft, verloren zu gehen oder weggeworfen zu werden. Dann steht der Empfänger mit einem Namen und einem interessanten Vorschlag da und hat keine Chance, darauf zu reagieren.

Wenn Ihr Briefpapier keine Adresse aufweist, was es sollte, dann teilen Sie im Brief selbst mit, wie man Sie erreichen kann.

3. Logischer Aufbau, schlechter Brief

Viele Menschen schreiben streng logisch aufgebaute Briefe. Sie gliedern sie, als handelte es sich um eine mathematische Beweisführung, und sparen die Pointe für den Schluß auf. Das mag in der Mathematik funktionieren, aber das Interesse eines Managers kann man damit selten wecken.

Neulich erhielt ich einen Brief von einem jungen Mann, der einen Job suchte. Der Brief war ein Paradebeispiel für einen gut durchdachten Aufbau. Der erste Satz lautete: »Ich bin zur Erkenntnis gekommen, daß Sie wirklich so beschäftigt sind, wie Sie behaupten.«

Für mich war diese Einleitung zu fesselnd, um den Brief noch wegzulegen. Also las ich zwei weitere Seiten über die Bemühungen des Bewerbers, Kontakt mit mir aufzunehmen, über seinen familiären Hintergrund und über seine Karrierepläne. Er schloß den Brief mit einer Warnung: »Ich werde mich jeden Tag in Ihrem Büro melden und versuchen, Sie zu treffen.«

Vielleicht habe ich keinen Job für diesen jungen Mann, aber es ist ihm auf jeden Fall gelungen, meine Aufmerksamkeit zu wecken.

Kapitel 10
Techniken für Fortgeschrittene

Merkwürdige Wandlungen von Botschaften

Einmal hielt ich in Stockholm einen Vortrag vor Mitgliedern der schwedischen Post, in dem es um die Verbesserung der schriftlichen Kommunikation ging. Ich redete davon, was man mit gut formulierten Briefen und Aktennotizen alles erreichen könne und daß man mit einem persönlichen Stil im Schriftverkehr (makelloses Erscheinungsbild der Schriftstücke, Korrektheit, gutes Timing) auch implizit auf andere Vorzüge hinweise, mit denen ein Geschäftspartner rechnen könne. Aber am meisten beeindruckte ich mein schwedisches Publikum mit der folgenden Geschichte über John DeLorean.

Lange vor seinem gut dokumentierten Aufstieg und Niedergang in der Automobilbranche Anfang der achtziger Jahre war John DeLorean ein Shooting-Star bei General Motors gewesen. Kurze Zeit nachdem er zum Leiter der Pontiac-Division von General Motors befördert worden war, besuchte er eines seiner Regionalbüros. Der Regionalleiter, der seinen neuen Chef gerne beeindrucken wollte, holte DeLorean am Flughafen ab und brachte ihn in sein Hotel. Als er seine Suite betrat, fand DeLorean zur Begrüßung einen riesigen Obstkorb vor, der mehr Äpfel, Orangen, Pfirsiche und Birnen enthielt, als er in einem Jahr hätte essen können. Amüsiert wandte sich DeLorean an seinen Begleiter und scherzte: »Wie, keine Bananen?«

Offensichtlich nahm der Regionalleiter diese Frage sehr ernst, denn die Nachricht, daß John DeLorean gerne Bananen aß, verbreitete sich wie ein Lauffeuer durch die gesamte Pontiac-Hierarchie. Noch Jahre später gab es Bananen, wo auch immer er hinkam. Er nahm in Europa an einer Divisionsbesprechung teil und fand an seinem Platz eine Schale mit Bananen. Er wurde mit einem Auto vom Flughafen abgeholt, und auf dem Rücksitz fand er Bananen.

»Ich habe doch nur Spaß gemacht«, erzählte mir DeLorean später. »Ich mag Bananen gar nicht besonders.«

Aber so ist es nun einmal, wenn hochrangige und angesehene Menschen etwas sagen. Ihren Bemerkungen wird oft viel mehr Gewicht beigemessen, als eigentlich beabsichtigt war. Und wenn die Gesprächspartner der niedrigeren Ebenen meinen, ihnen eine Anweisung entnehmen zu können, setzen sie diese in der Regel schnurstracks um. Je höher der Rang, desto schneller handeln sie. Das kann komische, aber auch katastrophale Folgen haben.

Jemand erzählte mir einmal eine Anekdote über John Hay Whitney, einen reichen Risikokapitalgeber und ehemaligen US-Botschafter in Großbritannien. In den dreißiger Jahren war er aktiver Polospieler gewesen. Eines Tages ging er mit seinem Verwalter über sein Anwesen in Manhasset, New York, ließ den Blick über mehrere Morgen sanften, mit Bäumen bewachsenen Hügellands schweifen und überlegte laut, wie wohl ein Polofeld auf diesem Stück Land aussehen mochte.

Am nächsten Tag segelte er für ein halbes Jahr nach Europa. Bei seiner Rückkehr erwartete ihn ein Schock. Der Verwalter hatte das Grundstück einebnen und ein Polofeld anlegen lassen – für 300.000 Dollar.

Diese Geschichte illustriert, daß viele Menschen dazu neigen, die Äußerungen ihrer Vorgesetzten im Übereifer falsch zu interpretieren. Wenn diese Äußerungen schriftlich vorliegen, ist die Gefahr sogar noch größer.

Je mehr Erfolge Sie verzeichnen, je weiter Sie in der Hierarchie aufsteigen, je mehr Autorität man ihnen zumißt, desto wichtiger ist es, sich diese Gefahr bewußt zu machen. Ihre Position in der Hierarchie beeinflußt in hohem Maß, wie andere Ihre Memos oder Briefe interpretieren. Mitarbeiter reagieren auf die Äußerungen eines Juniormanagers anders als auf dieselben Meinungen, wenn sie vom CEO vorgetragen werden.

Wenn etwa der Chairman von Volvo eines Tages findet, daß seine Firma mehr hellblaue Modelle produzieren sollte, und eine entsprechende Aktennotiz an seinen Produktionsleiter schickt, dann ist die Wahrscheinlichkeit groß, daß diese Botschaft nicht untergeht. Sie dürfte ungefähr wie ein päpstlicher Erlaß behandelt werden.

Wenn jedoch dasselbe Memo von einem Kollegen des Produktionsleiters – etwa dem Marketingleiter – geschrieben würde, wäre die Reaktion gedämpfter. Die beiden Manager kämen vielleicht zusammen, um über das Thema zu reden, oder sie würden eine Reihe von Aktennotizen austauschen. Vielleicht wäre dies sogar der Beginn eines Memo-Kriegs.

Und wenn es schließlich einem Juniormanager einfallen sollte, ein Memo dieses Inhalts an den Produktionsleiter zu schicken, weil ihm hellblaue Volvos zufällig besonders gut gefallen, würde der Empfänger die Mitteilung wahrscheinlich lesen, wegwerfen und nie mehr einen Gedanken daran verschwenden.

Eine Botschaft, drei Verfasser, drei Ebenen der Hierarchie – drei völlig verschiedene Reaktionen.

Denken Sie daran, wenn Sie das nächste Mal Ihre Meinung schriftlich äußern. Je höher Sie aufsteigen, desto sensibler müssen Sie in dieser Hinsicht sein. Die spontanen, vielleicht sogar unbeherrschten Meinungsäußerungen Ihrer Jugend sind heute, wo man Ihnen wirklich zuhört, nicht mehr angebracht.

Jeder Mensch entwickelt sich im Lauf seiner Karriere weiter. Die Botschaften, die er aussendet, sollten sich mit ihm verändern.

Der vertane Anfang oder Warum es eigentlich nur auf den dritten Gesprächspunkt ankommt

Zu den Todsünden im Journalismus gehört es, den Anfang eines Artikels zu ruinieren. Dies geschieht, wenn ein Journalist die ersten vier oder fünf Absätze einer Story nur schwafelt, statt kurz und bündig auf das Thema seines Artikels hinzuweisen. Natürlich kann es triftige künstlerische Gründe dafür geben, sich zu Beginn einer Geschichte zu »räuspern«, etwa um Hintergründe zu beschreiben oder einen Standpunkt zu verdeutlichen. Aber im allgemeinen möchte der durchschnittliche Leser lieber sofort erfahren, worum es geht. Wenn Sie also möchten, daß ihre schriftlichen Mitteilungen mit der gebührenden Aufmerksamkeit gelesen werden, dann sollten Sie so schnell wie möglich zum Thema kommen.

In der mündlichen Kommunikation ist es genau umgekehrt. So erfrischend es sein mag, wenn ein Gesprächspartner sofort zur Sache kommt, die wenigsten Menschen wissen diese Direktheit wirklich zu schätzen. Sie müssen erst mit Small talk eingestimmt werden. Sie erwarten geradezu, daß Sie sich erst einmal warmreden und am Anfang noch nichts Wichtiges sagen werden.

Diese Tatsache ist allgemein bekannt. Die Frau eines Golfspielers und Klienten sagte mir einmal: »Jeder, der uns anruft, möchte etwas von meinem Mann. Aber die Gespräche verlaufen immer nach demselben Muster: Erst mit dem dritten Punkt, den sie ansprechen, nennen sie den eigentlichen Grund ihres Anrufs. Zuerst erkundigen sie sich nach mir und den Kindern. Dann erwähnen sie etwas aus den Nachrichten oder den Sportseiten, wie: ›Haben Sie gehört, was XY in Texas gemacht hat?‹ Erst dann sagen sie, weshalb sie eigentlich anrufen.«

Letztlich liegt es in der menschlichen Natur, ein Gespräch mit einem oder zwei unstrittigen Punkten zu beginnen, bevor man sich den ernsteren Themen zuwendet. Wir alle reden uns erst einmal gerne warm. In der Tat ist diese Taktik so verbreitet, daß sie oft ihre Bedeutung verliert. So wie die Frau des Golfspielers erkennen wir genau, welche Bestandteile des Gesprächs nur dazu dienen, uns zu manipulieren oder mit verbalen Streicheleinheiten auf den eigentlichen Grund des Gesprächs einzustimmen.

Ich bezweifle sehr, ob eine so leicht durchschaubare Taktik überhaupt sinnvoll ist. Wenn sie irgendeine Wirkung haben soll, muß sie zumindest geschickter angewandt werden.

Eine elementare Form dieser Taktik besteht darin, dem Gesprächspartner zuerst etwas anzubieten, bevor wir unsererseits eine Bitte äußern. Wenn sich Ihr Small talk mit einem Geschäftspartner, wie es häufig der Fall ist, um die jeweiligen Ehepartner und Kinder dreht, sollten Sie Ihre Antennen ausfahren, um mögliche Ansatzpunkte für einen Gefallen zu finden. Im Verlauf Ihrer beiläufigen Plauderei könnten Sie beispielsweise anbieten, dem Sohn oder der Tochter einen Ferienjob zu verschaffen. Diese Geste erhöht die Wahrscheinlichkeit enorm, daß der dritte Punkt auf Ihrer Tagesordnung, um den es Ihnen wirklich geht, mit größerem Wohlwollen aufgenommen wird.

Ich wundere mich oft darüber, daß diese Taktik so selten durchschaut wird – auch von mir nicht. Ich beende immer noch manche Telefonanrufe und schelte mich dafür, daß ich zu großzügig oder nachgiebig war. »Warum habe ich dazu bloß ›Ja‹ gesagt?« frage ich mich dann. »Warum habe ich mehr gegeben, als ich eigentlich wollte?« Wenn ich das Gespräch dann noch einmal Revue passieren lasse, stelle ich unweigerlich fest, daß die andere Partei mich zu einem frühen Zeitpunkt durch ein Angebot milde gestimmt hat.

Wie ich schon sagte: Es handelt sich um eine elementare Taktik. Aber sie funktioniert.

Ich selbst lernte, wie wichtig es sein kann, sich zu Beginn eines Gesprächs ausgiebig zu »räuspern«, nachdem ich schon mehrere Jahre lang Arnold Palmer vertreten hatte. Damals war ich häufig gemeinsam mit Arnold auf Reisen. Blieb ich jedoch in Cleveland, um mich um Arnolds Geschäfte zu kümmern, während er unterwegs war, um Golf zu spielen, entwickelte sich eine eigentümliche Dynamik zwischen uns. Selbst wenn ich mich in Cleveland fünfzehn Stunden täglich für seine Geschäfte einsetzte, machte ich mir in Arnolds Augen einen faulen Lenz, während nur er wirklich arbeitete. Kehrte er dann zurück, um wieder Kraft zu schöpfen, verspürte er oft nicht die geringste Lust, sich mit mir über die Projekte zu unterhalten, die ich für ihn plante.

Also verlegte ich mich auf die »Räuspertaktik«: Ich erzählte ihm zu Beginn unseres Gesprächs von unwichtigen Projekten, bei denen es keine Rolle spielte, ob er sie ablehnte. Dann arbeitete ich mich langsam zu dem Punkt vor, dessen Billigung ich von ihm wollte.

Ich begann immer mit einer der unzähligen Anfragen eines Sponsoren, der um einen dreistündigen Fototermin mit Arnold bat. Natürlich lehnte Arnold ab und führte völlig zu Recht an, daß er sich ausruhen wollte.

Dann erzählte ich ihm von einer Zeitung in Pittsburgh, die ihn gerne zu Hause besuchen wollte, um einen Artikel über ihn und seine Frau zu schreiben. Wieder lehnte Arnold ab.

Nach einigen weiteren Absagen bekam Arnold allmählich ein schlechtes Gewissen, weil er mir einen Korb nach dem anderen gab. Diesen Zeitpunkt erkannte ich daran, daß sich ein Anstrich von Mitgefühl in seine Miene schlich. Genau dann brachte ich die Bitte auf den Tisch, die mir wirklich wichtig war.

Diese Taktik funktioniert nur dann, wenn Sie vor dem Gespräch genau festgelegt haben, welches Ihr wichtigstes Anliegen ist. Das ist nicht so einfach, wie es klingt. Oft nimmt ein Gespräch einen ganz anderen Verlauf, als man denkt, und man wird abgelenkt. Aber das Prinzip, daß der dritte Gesprächspunkt der eigentlich wichtige ist, gewinnt selbst in den verschlungensten Diskussionen die Oberhand.

Eine wichtige Erfahrung machte ich einmal, als ich mich mit dem Chairman eines großen Medienunternehmens zu einem einstündigen Gespräch traf. Es hatte Monate gedauert, um das Treffen einzufädeln, und ich hatte mindestens einem Dutzend unserer Mitarbeiter davon erzählt. Diese bombardierten mich daraufhin mit Memos, in denen sie Ideen beschrieben, die ich dem Chairman vortragen sollte – angefangen vom Sponsoring einer Volleyball-Liga bis hin zu Joe-Montana-Videos. Mit anderen Worten: Ich hatte eine enorme Liste von Anliegen, die ich nun eigentlich hätte nach Prioritäten ordnen müssen, um sie zum richtigen Zeitpunkt im Gespräch anbringen zu können.

Vielleicht hätte es tatsächlich funktioniert, wenn ich mir die besten Ideen herausgepickt und dem Chairman zum geeigneten Zeitpunkt präsentiert hätte.

Aber ich machte mir dann klar, daß mein wichtigstes Anliegen eigentlich lautete, den Chairman kennenzulernen und ihm unser Unternehmen vorzustellen. Ich hatte ihn zwar schon zweimal getroffen, aber nie unter vier Augen. In den 60 Minuten unseres Gesprächs verbrachten wir mindestens 30 Minuten damit, uns über unsere Karriere und unser gemeinsames Hobby Golf zu unterhalten. Es gelang mir, zwei zentrale Punkte einfließen zu lassen, nämlich daß IMG die Dienstleistungen seines Unternehmens in großem Umfang nutzte und daß wir international operierten. Dies paßte wiederum hervorragend zu seinem wachsenden Interesse an internationalen Märkten.

Im Lauf dieser Unterhaltung wurde mir klar, daß der Chairman eine sehr abgehobene Position innehatte. Er übte keinerlei konkreten Einfluß in den Bereichen aus, auf die sich die Vorschläge meiner Mitarbeiter bezogen. Die Entscheidung darüber, welcher Golfspieler für eine Kundenveranstaltung in Georgia engagiert wurde oder ob 6 Eiskunstlaufveranstaltungen gesponsert würden, fiel ohne sein Zutun. Es war zwar wichtig, daß wir uns näher kennenlernten, aber auf die Entscheidungen in seinem Unternehmen konnte ich dadurch noch längst keinen Einfluß ausüben.

Allerdings fühlte ich mich durch seine Freundlichkeit ermutigt, und so beschloß ich, ihm von meinem Dilemma zu erzählen. Ich wählte dabei den direkten Weg und sagte ihm ohne lange Umschweife: »Diejenigen unserer Mitarbeiter, die von diesem Meeting wissen, haben mich mit Aktennotizen darüber eingedeckt, welche Beziehungen zu Ihrem Unternehmen schon bestehen oder noch geknüpft werden sollten. Ich will Ihre Zeit damit jetzt gar nicht beanspruchen. Aber ich habe aus all den Mitteilungen fünf Ideen herausgefiltert, die ich in einem oder zwei Sätzen beschreiben kann. Wenn Sie an einer dieser Ideen interessiert sind, werde ich gerne schriftlich auf die damit zusammenhängenden Fragen eingehen.«

Dann nannte ich ihm die fünf Ideen, die er alle interessant fand, und ich erkundigte mich nach den fünf Mitarbeitern in seinem Unternehmen, denen wir diese Ideen schon präsentiert hatten. Ich wollte erfahren, wie er sie beurteilte oder ob er sie überhaupt kannte. Er kannte zwei von ihnen und hatte eine hohe Meinung von beiden.

Es ist noch nicht klar, ob wir mit ihm ins Geschäft kommen werden, aber die Wahrscheinlichkeit ist immerhin beträchtlich gestiegen, seit ich weiß, für welche Ideen sich der Chairman interessiert und welche seiner Manager uns eine faire Chance geben. Ich glaube nicht, daß ich all diese Erkenntnisse auch dann gewonnen hätte, wenn ich die erste Hälfte unseres Meetings nicht mit Small talk und die zweite Hälfte mit dem Vorbringen meines Anliegens verbracht hätte.

Ein Besuch ist mehr wert als tausend Briefe

Ich bin Rechtsanwalt, und wie die meisten Rechtsanwälte habe ich einen übertriebenen Respekt vor der Macht des geschriebenen Wortes. Dieser Respekt wurde mir Mitte der fünfziger Jahre an der Yale Law School eingebleut. Verbringen Sie einmal drei Jahre damit, die Schriften der größten Rechtsdenker dieses Landes zu lesen, so wie das jeder Jurastudent muß, und auch Sie werden von der Macht eines überzeugenden Stils beeindruckt sein.

Vermutlich ist dies auch einer der Gründe, warum Rechtsanwälte so schnell bei der Hand sind, wenn es darum geht, harsche, mit Warnungen gespickte Briefe an die Gegenpartei zu schicken. Sie glauben wirklich daran, daß sie die Gegenseite mit ihren Schriftsätzen so aufklären, beeinflussen oder auch einschüchtern könnten, daß sie sich zu ihrer Position bekehrt.

Ich weiß, daß ich in meinen frühen Jahren auch daran geglaubt habe. Im Lauf der Zeit bin ich aber zur Erkenntnis gekommen, daß die schriftliche Überzeugungsarbeit zu den ineffizientesten und kontraproduktivsten Methoden zählt, die es überhaupt gibt – zumal in Rechtsangelegenheiten.

Diese Erfahrung habe ich schon in den siebziger Jahren gemacht, als ein von uns vertretener Sportler das Angebot akzeptierte, für ein großes europäisches Freizeitunternehmen tätig zu werden, dessen Geschäftsführer zufällig ein langjähriger Freund unseres Klienten war. Aufgrund der freundschaftlichen Verbindung begann der Sportler seine Arbeit alleine auf der Basis einer verbalen Zusage des Geschäftsführers, während wir noch an den Details des Vertrags feilten.

Für unseren Klienten waren die Bedingungen eindeutig. Er verpflichtete sich, dem Freizeitunternehmen sechs Tage pro Jahr für Werbeaktivitäten zur Verfügung zu stehen. Im Gegenzug erhielt er ein bestimmtes Honorar sowie ein dreizehn Meter langes Boot aus der Produktpalette des Unternehmens.

Die Zusammenarbeit ließ sich sehr gut an. Das Unternehmen unterschätzte sogar die Anzahl der Tage, die sie unseren Klienten benötigte. Schon nach drei Monaten, noch bevor wir den Vertrag ausgearbeitet hatten, waren die sechs Tage »aufgebraucht«. Wir freuten uns schon darauf, neue Konditionen auszuhandeln.

Leider hatten wir nicht berücksichtigt, daß mittlerweile die Firmenleitung gewechselt und der Geschäftsführer eine neue Stelle in einem anderen Unternehmen angenommen hatte. Sein Nachfolger war eifrig darauf bedacht, seine Autorität zu demonstrieren, und kündigte prompt die Vereinbarung mit unserem Klienten. Er ließ das vereinbarte Honorar für unseren Klienten überweisen, weigerte sich jedoch, ihm auch das Boot zu übergeben.

Unser Klient schrieb einen sehr gereizten Brief an den neuen Geschäftsführer, in dem er darlegte, daß er für das Boot gearbeitet und einen Anspruch darauf habe.

Der neue Geschäftsführer reagierte prompt mit einem ebenso gereizten Schreiben, in dem er behauptete, daß es keinen offiziellen Vertrag gebe und der Klient sich, wenn überhaupt, bei seinem Vorgänger beschweren solle. Der Sportler wiederum schrieb mit Hilfe eines Anwalts mehrere Briefe, in denen er darauf hinwies, daß er seinen Teil der Vereinbarung erfüllt habe und »im Stich gelassen wurde«, als die Geschäftsleitung wechselte. Er bestritt keineswegs das Recht des Geschäftsführers, die Vereinbarung zu kündigen, aber er bestand – mittlerweile schon aus Prinzip – auf der Herausgabe des Bootes.

So ging das etwa 18 Monate lang hin und her, bis ich Einblick in diese Akte erhielt. Was mich am meisten erstaunte, war der Ton in den Briefen des Sportlers. Er gehörte zu den charmantesten und vernünftigsten Männern, die ich je kennengelernt hatte. Dies war einer der Gründe dafür gewesen, warum er für die Werbeaktivitäten überhaupt engagiert worden war. Aber die Person, die aus diesen zweifellos von Rechtsanwälten verfaßten Briefen sprach, war verbittert, unhöflich und schroff. Jeder Brief richtete noch mehr Schaden an, statt zu einer Lösung der Angelegenheit beizutragen. Wir steuerten auf einen teuren Rechtsstreit zu, den sich die Gegenseite eher leisten konnte als unser Klient.

Ich hielt es zu diesem Zeitpunkt für eine gute Idee, die beiden Streithähne an einen Tisch zu bringen. So wurde ein Termin vereinbart, und obwohl ich nicht dabei war, soll unser Klient brillant gewesen sein. Als der Geschäftsführer zu Beginn des Gesprächs einige der bissigsten Zeilen aus dem ersten Brief des Sportlers zitierte, begriff dieser sofort, daß er das Thema längst nicht mehr sachlich, sondern rein emotional sah.

Der Sportler verhielt sich daraufhin respektvoll und zurückhaltend und zeigte auch Verständnis für die Position des Geschäftsführers. Er wies jedoch darauf hin, daß jeder gelegentlich im Leben eine Prinzipiensache hat, die ihm dann wirklich wichtig ist. Eigentlich spielten nämlich weder das Boot noch das Geld die wichtigste Rolle, sondern fehlendes Fair play. Er hatte das Gefühl, daß er nicht fair behandelt wurde.

Am folgenden Tag schickte uns der Geschäftsführer ein Schreiben, in dem er bestätigte, daß die Vereinbarung erfüllt würde, einschließlich des Bootes. Er erkundigte sich auch nach den Konditionen für einen Mehrjahresvertrag mit unserem Klienten.

Ein Besuch ist eben oft mehr wert als tausend Briefe.

Es ist einfacher, sich hinterher zu entschuldigen, als vorher um Erlaubnis zu bitten

In Frederick Forsyths Buch *Das vierte Protokoll* bricht ein britischer Nachrichtenoffizier in das Haus eines Ministers ein, um zu beweisen, daß der Minister streng geheime Informationen an den Feind weitergibt.

Als sein erzürnter Chef fragt: »Warum haben Sie das ohne meine Genehmigung getan?«, antwortet dieser: »Weil Sie sie nie erteilt hätten.«

Diese Lektion ist für all diejenigen wichtig, die sich durch vorgeschriebene Dienstwege und Prozeduren oft frustriert und ausgebremst sehen. In den meisten Bürokratien ist es einfacher, einfach zur Tat zu schreiten, als die »richtigen« Abläufe einzuhalten. Es ist leichter, sich hinterher zu entschuldigen, als vorher die Erlaubnis einzuholen.

Natürlich sind hier wichtige Einschränkungen zu machen.

Der wichtigste Vorbehalt ist folgender: Wenn Sie sich über Traditionen und Vorschriften hinwegsetzen wollen, sollten Sie sicher sein, daß der Nutzen größer ist als der Schaden, den Sie der hierarchischen Ordnung oder dem Ego Ihres Chefs zufügen. Ein Erfolg wird Ihnen hinterher sicher vergeben, wie unkonventionell er auch erreicht wurde. Einen Mißerfolg verzeiht Ihnen niemand.

Zweitens sollten Sie Ihre Angriffspunkte sorgfältig auswählen. Sie können nicht jederzeit tun, was Sie wollen. Sie müssen beurteilen können, welchen Stellenwert die Regeln für diejenigen haben, die sie festsetzen. Handelt es sich nur um willkürliche Demonstrationen der Macht oder sind sie Ihrem Chef wirklich wichtig? Es ist ein Unterschied, ob Sie 10.000 Dollar ohne Erlaubnis ausgeben, um einen millionenschweren Gewinn zu erzielen, oder ob Sie vergessen, einen 30-Dollar-Antrag für den Kauf von Schreibwaren abzeichnen zu lassen. Ersteres zeugt von Initiative, letzteres kann Aufsässigkeit bedeuten.

Drittens schließlich sollten Sie es sich nicht zur Gewohnheit machen, Regeln zu umgehen, weil Sie sich sonst schnell den Ruf einhandeln, dies immer zu tun. So gab ich vor einigen Jahren einem Unternehmen die Zustimmung, eines meiner Bücher auf Audiokassetten zu vertreiben. In unserem Vertrag war genau festgelegt, wie das Material verwendet und vermarktet werden durfte. Trotzdem erfuhr ich mehrmals durch Zufall, daß das Unternehmen die Aufzeichnungen auch auf andere, nicht im Vertrag vorgesehene Art und Weise verwendete. Wenn ich die Verantwortlichen anrief, entschuldigten sie sich immer und beschwichtigten mich mit der

Behauptung, daß all ihre Aktivitäten nur dem Ziel dienten, mehr Kassetten zu verkaufen. Beim erstenmal wäre dieses Verhalten sicherlich noch verzeihlich gewesen. Aber diese Firma scheint von dieser Methode zu leben. Mittlerweile hat sich mein Mißtrauen auch auf unsere anderen Geschäfte übertragen, in denen es nie zu Unregelmäßigkeiten kam. Die Firma hat ihre Glaubwürdigkeit verloren – ohne daß ein Grund dazu bestanden hätte.

Es gibt keine Faustregel, um zu unterscheiden, wann man das System umgehen und wann man mitspielen sollte. In jedem Einzelfall müssen Risiko und Nutzen neu abgewogen werden. Es gibt aber drei Situationen, in denen sich das Risiko durchaus lohnen könnte.

1. Wenn Anwälte im Spiel sind

Dieser Rat mag widersprüchlich und gefährlich klingen, denn natürlich weiß ich, daß man für den Versuch, sich über den Rat eines Anwalts hinwegzusetzen, oft genug viel Lehrgeld zahlen muß, das einem meist von einem Gericht auferlegt wird.

Andererseits habe ich auch die Erfahrung gemacht, daß es für zwei Vertragsparteien zermürbend sein kann, für jede einzelne Kondition das Plazet ihrer Anwälte einzuholen. Das Warten ist Gift für die anfängliche Begeisterung über das vereinbarte Geschäft und könnte es sogar gefährden. Wenn Sie einen Vertrag entwerfen, tun Sie sich deshalb oft einen Gefallen, wenn Sie die Details noch nicht ausarbeiten. Es ist praktischer, ein geplantes Projekt zügig in Gang zu setzen, auch wenn erst ein grober Vertragsentwurf vorliegt, als zuerst sämtliche Details zu klären. Wenn alle Beteiligten die besten Absichten haben, wird dies die Abwicklung des Geschäfts nicht beeinträchtigen.

2. Wenn Sie eine Konfrontation verhindern können

Der Chefredakteur einer Zeitschrift wurde vor einigen Jahren ganz kurzfristig vor vollendete Tatsachen gestellt. Das Magazin war an einen großen Verlag verkauft worden. Wie es so oft bei einem Eigentümerwechsel der Fall ist, glaubten die neuen Chefs, zunächst einmal ihre Autorität demonstrieren zu müssen. Sie überwachten jeden Schritt des Chefredakteurs. Sie versuchten, Einfluß auf seine Artikel, seine Personalentscheidungen und seine Ausgaben zu nehmen. Der verständliche Impuls eines weniger klugen Redakteurs wäre es gewesen, sich dieser Kontrolle zu widersetzen, auf die journalistische Freiheit zu pochen und eine Konfrontation in Kauf zu nehmen.

Aber dieser Redakteur war klüger. Er kannte die Regel: »Es ist leichter, sich hinterher zu entschuldigen, als vorher um Erlaubnis zu fragen«, und er wußte, wie man sie anwendet.

Anstatt den neuen Chefs offenen Widerstand entgegenzusetzen, umging er sie geschickt. Er stimmte ihren Vorschlägen zu und tat dann, was er für richtig hielt. Zumindest paßte er ihre Anweisungen so weit an, daß er damit leben konnte. Er hatte erkannt, daß die neuen Manager eigentlich gar nicht daran interessiert waren, ihm ständig über die Schulter zu sehen. Ihnen war wichtig, daß ihr Chefredakteur sie respektierte. Früher oder später würden sie ihn einfach seine Arbeit tun lassen.

Innerhalb weniger Monate waren die neuen Besitzer hocherfreut über die Arbeit des Redakteurs. Sie belästigten ihn auch nicht mehr – und sind immer noch überzeugt, daß er sich ganz nach ihren Vorschlägen richtet.

3. Wenn Sie Zeit sparen können

Mitarbeiter umgehen den Dienstweg normalerweise nicht deshalb, weil sie jemanden hinters Licht führen oder ihren Chef ärgern wollen. Vielmehr tun sie es dann, wenn es zu aufreibend und entnervend wäre, die vorgeschriebenen Prozeduren einzuhalten. Mit anderen Worten: Sie wollen Zeit sparen.

Ein Beispiel dafür ist ein mir bekannter Unternehmer, dessen Firma hauptsächlich in der Vermarktung internationaler Übertragungsrechte für Sportveranstaltungen tätig ist. Im Lauf der Jahre hat er einen gewissen Einfluß auf die Ausstrahlung von Sportveranstaltungen außerhalb der USA gewonnen. Dabei hat er es manchmal auch mit geschäftlich relativ bedeutungslosen Anfragen zu tun, um die er sich aber trotzdem kümmern muß.

So ist es etwa denkbar, daß er eine Anfrage vom bulgarischen Fernsehen erhält, das 14 Sekunden Highlights eines Sportereignisses übertragen möchte. Wollte er nun sämtliche Prozeduren und bürokratischen Erfordernisse einhalten, könnte es Monate dauern, bis er alle Genehmigungen für die Übertragung dieser 14 Sekunden in Bulgarien eingeholt hat. Außerdem würde sein Aufwand das Budget der Bulgaren garantiert sprengen.

Deshalb ist es einfacher für ihn, wenn er den Bulgaren die 14 Sekunden ohne weitere Umstände zur Verfügung stellt – gegen eine geringe Gebühr oder sogar umsonst. Wenn er zu den Veranstaltern eine stabile Beziehung aufgebaut hat, kann er sich diesen Alleingang erlauben. Die Veranstalter vertrauen dann seinem Urteilsvermögen, wissen, daß er ihre besten Interessen verfolgt, und sagen sich, daß es nicht schaden kann, einen guten Kontakt in Bulgarien zu haben. Wenn sich dagegen herausstellt, daß er seinen Einfluß überschätzt hat, könnte dies zwar peinlich sein, aber die Beziehung wäre trotzdem nicht gefährdet. Genauer gesagt: in neun von zehn Fällen bemerkt niemand sein eigenmächtiges Vorgehen, und sollte es doch ans Tageslicht kommen, kann er sich immer noch entschuldigen: »Ich hatte keine Ahnung, daß Ihnen das so viel ausmachen würde.«

Sagen Sie Ihren Geschäftspartnern, mit wem sie es zu tun haben

Als Bob Woodward und Carl Bernstein von der *Washington Post* ihre Nachforschungen zum Watergate-Einbruch 1972 begannen, war ihre wertvollste Informationsquelle das Telefonbuch des Weißen Hauses. Dies war der Ausgangspunkt einer Entwicklung, die schließlich Richard Nixon zum Rücktritt zwingen und die beiden

Reporter mit ihrem Buch und dem Film *Die Unbestechlichen* ins Rampenlicht der Öffentlichkeit katapultieren sollte.

Das Telefonbuch lieferte ihnen nicht nur Namen und Telefonnummern, sondern auch Anhaltspunkte dafür, wer für wen im Weißen Haus arbeitete, wen sie anrufen konnten, um ein Gerücht bestätigen oder dementieren zu lassen, und wer dem Präsidenten und den Kabinettsmitgliedern nahestand.

Ich wünsche mir oft, daß ich ein solches Telefonbuch von den Firmen hätte, mit denen ich ins Geschäft kommen will. Es wäre von unschätzbarem Wert, zu wissen, wer für wen arbeitet, wer mir meine Fragen direkt beantworten und wer mich an einen Entscheidungsträger verweisen könnte. Aber derartige Informationen bekommt man natürlich nur selten präsentiert.

Für einen Außenstehenden sind die Strukturen der meisten Unternehmensbürokratien ein Rätsel. Das sind sie auch oft für die Unternehmensangehörigen selbst, aber das ist ein anderes Kapitel. Unternehmen posaunen in der Regel nicht einfach heraus, wie sie strukturiert sind, welches ihre wichtigsten Mitarbeiter sind und woran sie gerade arbeiten. Das ist ja auch gut so.

Ich wende mich deshalb auch gar nicht gegen undurchschaubare Bürokratien und Strukturen – auch wenn dies die Arbeit unserer Verkäufer erschwert.

Aber ich bin zur Erkenntnis gekommen, daß es einen Fall gibt, in dem diese Art der Geheimniskrämerei kontraproduktiv sein kann, wenn man sie nämlich auch bei Firmen betreibt, mit denen man schon längst Geschäfte macht.

Dies wurde mir vor einigen Jahren klar, als ich mit Careertrack, einem Seminarveranstalter aus Colorado, einen Vertrag über die Entwicklung und Vermarktung einer Seminarreihe abschloß, die auf meinem Buch *Was Sie an der Harvard Business School nicht lernen* basierte.

Ich hatte keine Ahnung, wie man sich bei Careertrack die Ausführung der Vereinbarung vorstellte. Ich wußte nur, daß es kompliziert war, ein Seminar zu entwickeln, geeignete Dozenten zu gewinnen, Broschüren zu entwerfen, das Seminar zu vermarkten und Teilnehmer zu finden.

Techniken für Fortgeschrittene

Aber Careertrack öffnete mir die Augen mit einem Dokument, das ich seitdem allzu häufig im Anfangsstadium einer vielversprechenden Geschäftsbeziehung vermisse. Ich nenne es das »Mit wem Sie es zu tun haben«-Memo.

Wenige Wochen nach Vertragsunterzeichnung schickte uns Careertrack nämlich ein fünfseitiges Schreiben. Darin wurde ein 11-Stufen-Programm dargestellt, das die einzelnen Schritte von der Erstellung eines Zeitplans über den Entwurf der Seminarunterlagen bis hin zur Auswahl der Veranstaltungsorte skizzierte. Gleichzeitig erfuhr ich, inwieweit meine Mitarbeit zu jedem dieser Schritte erforderlich war.

Das Besondere an diesem Schreiben war jedoch, daß am Ende jedes Schrittes in Großbuchstaben der Name und die Telefonnummer eines Mitarbeiters, des sogenannten »Champions«, der bei Careertrack für die jeweilige Aufgabe zuständig war, genannt wurde.

Eigentlich stellte das Unternehmen mir damit ein internes Telefonbuch zur Verfügung. Es ging sogar noch einen Schritt weiter, weil es nicht nur die Ansprechpartner nannte, sondern auch deren Zuständigkeiten und Aufgaben.

Dieser Brief gehört zu den wohltuendsten und beruhigendsten, die ich je erhalten habe. Er ließ mich an mehrere Geschäftsbeziehungen denken, die ebenso hoffnungsvoll begonnen hatten, dann aber wieder einschliefen, weil die Kommunikation nicht funktionierte. Entweder hatte die andere Seite uns nicht eindeutig gesagt, was sie tat, oder wir hatten es ihr nicht gesagt.

Der Brief erinnerte mich daran, daß ein »Mit wem Sie es zu tun haben«-Memo nach Vertragsabschluß wichtiger als der Vertrag selbst sein kann. Wenn Sie den Schleier des Geheimnisses um Ihre Unternehmensstrukturen lüften, haben Sie schon viel für die langfristige Gesundheit einer Beziehung getan.

Bis zu meiner Erfahrung mit Careertrack hatte ich immer darauf geachtet, am Ende von Besprechungen noch einmal mündlich zusammenzufassen, wer mit wem worüber reden sollte. Seitdem halte ich dies auch schriftlich fest.

Mit indirekten Mitteln direkt ans Ziel kommen

Ich bin von Natur aus ein direkter Mensch. Für mich ist Klarheit bisher immer der beste und einfachste Weg gewesen, um meine Ziele zu erreichen. Wenn ich ein Geschäft abschließen möchte, dann bitte ich um den Auftrag. Wenn ich etwas nicht weiß, dann gebe ich das zu. Wenn ich Hilfe brauche, bitte ich darum. Wenn ich mir über etwas Sorgen mache, lasse ich das jemanden wissen. Ich kann diese Vorgehensweise nur jedem empfehlen.

Gleichzeitig ist mir auch bewußt, daß es Gelegenheiten im Leben gibt, in denen der kürzeste Weg von A nach B nicht der beste ist. Manchmal kann Ihnen ein Umweg über C, G und L eine Menge Zeit und Sorgen ersparen.

Die folgenden vier indirekten Methoden können Ihnen helfen, einige häufig auftretende Situationen zu meistern.

1. Stellen Sie provozierende Fragen

Manchmal erreichen Sie gar nichts, wenn Sie jemandem geradeheraus sagen, was Sie von ihm möchten.

So könnte es für mich wichtig sein, daß unsere Topmanager überprüfen, wie effektiv ihre Besprechungen sind und wie ihre Mitarbeiter diese Besprechungen beurteilen. Aber wenn ich darauf bestehe, daß die Manager jedes Meeting formal auswerten, ihnen vorschlage, Fragebögen auszuteilen, und ihnen vielleicht sogar noch sage, welche Fragen sie darin stellen sollen, könnten sie mir das leicht als unerwünschte Einmischung auslegen. Unsere Topmanager könnten meinen Wunsch als Vorwurf auffassen, daß ihre Besprechungen schlecht geführt werden.

Aus irgendeinem Grund reagieren die Menschen positiver auf eine provozierende Frage als auf eine vernünftige Bitte. Anstatt also auf meinen Wünschen zu beharren, frage ich jeden Manager einzeln: »Als Sie letzten Monat diese Besprechung hatten, was sagten da Ihre Angestellten, als Sie sie fragten, wie man diese Besprechungen verbessern könnte?« Ich weiß ganz genau, daß der Manager niemanden um derartige Bewertungen gebeten hat. Aber das weiß er wiederum nicht. Und wenn er soviel Grips hat, wie ich ihm zutraue, wird er es demnächst tun.

2. Finden Sie die Wahrheit auf dem Weg über Dritte heraus

Manchmal kommt es vor, daß Sie von Ihren Mitarbeitern bestimmte Informationen benötigen, aber aufgrund Ihrer Position im Unternehmen befürchten, keine ehrliche Antwort zu erhalten. Dann müssen Sie den Weg über einen Dritten gehen, um die Wahrheit zu erfahren.

Wir alle kennen diese Vorgehensweise aus unserer Jugend. Wenn wir uns als Teenager mit einem Jungen oder Mädchen verabreden wollten, haben wir vorher einen gemeinsamen Freund oder eine Freundin gebeten, herauszufinden, ob das Interesse auf Gegenseitigkeit beruht.

Im Geschäftsleben ist es ein wenig komplizierter. Sobald Sie eine gewisse Ebene der Hierarchie erreicht haben, muß Ihnen klar sein, daß Ihre Untergebenen viele Informationen erst noch »bearbeiten«, bevor sie auf Ihren Schreibtisch gelangen. Sie möchten Ihnen lieber gute als schlechte Nachrichten vorlegen, auch wenn es viel wichtiger ist, daß Sie die Hiobsbotschaften erfahren, damit Sie schleunigst Gegenmaßnahmen ergreifen können. Schon alleine aus diesem Grund könnte es notwendig sein, einen vertrauenswürdigen Statthalter zu haben, der keine Eigeninteressen verfolgt.

Ein mir bekannter Unternehmenschef hatte vor einigen Jahren den vagen Verdacht, daß sein EDV-System nicht leistungsfähig genug sei und dem Unternehmen dadurch Schaden entstünde. Er setzte deshalb ein offizielles Meeting mit seinen Computerfachleuten an und forderte sie dazu auf, offen und ohne Zurückhaltung darüber zu reden, was mit dem System nicht stimmte. Das Meeting endete ergebnislos, weil keiner der Experten vor dem CEO zugeben wollte, sich in bestimmten Bereichen nicht hundertprozentig auszukennen. Auch eine Task Force zur Untersuchung der

Situation legte keine brauchbaren Erkenntnisse vor, weil ihre Mitglieder sich kannten und wußten, daß ihr Bericht vom CEO gelesen würde.

Schließlich versetzte der CEO einen jungen Manager aus seinem Londoner Büro in die EDV-Abteilung. Dieser »Maulwurf« hatte keinen wichtigen Titel, und er war kein Computerexperte. Aber er verstand sich darauf, unter die Oberfläche zu sehen und die Leute zum Reden zu bringen. Innerhalb eines Monats nannte er die Probleme beim Namen und legte dem CEO einen Bericht vor. Niemand hatte letztlich davon profitiert, daß die Wahrheit so lange verschleppt worden war.

3. Machen Sie einen Dritten zu Ihrem Fürsprecher

Manchmal haben Sie bestimmte Ziele, wissen aber, daß es sehr ungünstig ist, sie persönlich auszusprechen. Es könnte falsch interpretiert werden oder Verwirrung stiften.

Wenn ich beispielsweise einen Manager unseres Unternehmens nach Berlin versetzen möchte, sollte ich mir überlegen, ob ich ihm diesen Vorschlag selbst mache. Der Manager könnte glauben, daß ich ihm zuviel zumute oder mir keine Gedanken um seine Karriere mache. Er würde mir vielleicht nicht glauben, daß die Versetzung sogar ein wichtiger Schritt auf der Karriereleiter wäre, so sehr ich ihn auch beruhigen würde.

Ich käme daher leichter und schneller zum Ziel, wenn meine Idee von einem Dritten geäußert würde. Ein anderer Manager könnte beispielsweise sagen: »Wenn ich nicht verheiratet wäre oder die Kinder nicht demnächst eingeschult würden, würde ich mir nach dieser Chance die Finger lecken.« Eine solche Aussage stellt die Situation aus einer anderen Perspektive dar. Wenn der Versetzungskandidat sie oft genug von seinen Kollegen hört, betrachtet er den Umzug nach Berlin schließlich doch als ein echtes Bonbon. Jedenfalls glaubt er nicht mehr, daß er für mich nur eine Schachfigur ist, mit der ich eine freie Stelle besetze.

4. Schlagen Sie das Unmögliche vor

Ein Mensch, der etwas von mir möchte, braucht nur zu behaupten, daß ich es nicht kann.

Wer klug ist, sagt deshalb: »Mark, zu schade, daß Sie zu beschäftigt sind, um einen Vortrag vor meinen Vertriebsleuten zu halten...« Durch eine solche Äußerung fühle ich mich herausgefordert, und als konkurrenzorientierter Mensch könnte ich allerhand Anstrengungen unternehmen, um das Unmögliche doch noch möglich zu machen.

Wettbewerbsorientierte Menschen demonstrieren mit größtem Vergnügen, wie leicht es ihnen fällt, Hindernisse zu überwinden, die andere für unüberwindbar halten.

Vor einigen Jahren äußerte ein Freund in einem Gespräch beiläufig: »Ich würde alles tun, um den Chairman der Firma XY zu treffen, weil ich eine Idee habe, von der er begeistert wäre. Aber ich sehe keine Möglichkeit dazu.« Ich bat ihn, mir von dieser Idee zu erzählen, und sagte ihm, daß ich ihm vielleicht helfen könnte.

Nach zwei Wochen, in denen ich mehr Telefonate erledigte und um mehr Gefälligkeiten bat, als es die Sache vermutlich wert war, hatte ich ein Treffen zwischen den beiden arrangiert. Bis zum heutigen Tag bin ich mir nicht sicher, ob er seinen Wunsch ganz unschuldig geäußert oder ob er mich manipuliert hat. Aber die »Unmöglichkeit« seines Wunsches verlockte mich, und ich akzeptierte die Herausforderung.

Die hohe Kunst des Umgangs mit der Presse

Einmal beklagte sich ein Firmenchef darüber, daß sein Unternehmen in der Presse immer schlecht wegkam. »Wenn wir nicht falsch zitiert werden«, sagte er, »dann werden die Fakten verzerrt. Jedenfalls ist der Ton immer negativ.«

Ich fragte ihn, wer bei ihm für die Pressebeziehungen verantwortlich sei.

Er antwortete: »Oh nein! Unsere Politik lautet, keinerlei Pressekontakte zu haben.« Das erklärt meiner Meinung nach wohl alles.

Nun könnte man diesen CEO als Neandertaler abtun, der die Entwicklung der modernen Medien verschlafen und sein Problem selbst verschuldet hat. Aber ich kenne auch viele kluge Manager, die aktiv Journalisten umwerben, Presseverantwortliche einstellen und jeden Zeitungsausschnitt sammeln lassen, in dem ihr Firmenname erwähnt wird. Trotzdem ergeht es ihnen um keinen Deut besser als dem obengenannten CEO.

Das liegt daran, daß die Vertreter der Presse es weder schätzen, wenn Sie sich anbiedern, noch wenn Sie sich abschotten. Irgendwo in der Mitte liegt eine Medienpolitik, die funktioniert. Für diesen Mittelweg gelten folgende Richtlinien:

1. Legen Sie sich nie mit Journalisten an

Wenn Sie sich auf Auseinandersetzungen einlassen, ist kein sachlicher Dialog mehr möglich. Ihre Zitate werden immer feindseliger und streitsüchtiger klingen, als Sie sie beabsichtigt haben.

Bei den Journalisten ist es wie bei jedem anderen Berufsstand. Manche sind integer, korrekt und kompetent, andere sind das Gegenteil. Aber sie verfügen über eine einzigartige Waffe. Sie haben immer das letzte Wort. Und dagegen kommen Sie nicht an.

2. Geben Sie ihnen so viel Zeit, wie sie brauchen (oder mehr)

Sie können einem Reporter nicht vorwerfen, daß er die Fakten falsch wiedergibt oder Sie nicht mag, wenn Sie ihm nur eine Stunde gewähren, obwohl er Sie um drei bittet.

3. Hüten Sie Geheimnisse möglichst lange

Ich habe jeglichen Presserummel noch nie besonders gemocht, vor allem nicht, wenn er von den Journalisten geschürt wird. Meiner

Ansicht nach funktionieren Geschäftsstrategien dann am besten, wenn man sie möglichst lange vor der Konkurrenz geheimhält.

Wenn Sie in Ihrer Branche groß genug sind, kann Ihre Geheimniskrämerei Ihren Konkurrenten sogar Schaden zufügen oder sie zumindest ablenken. IBM beispielsweise redet prinzipiell nie über Produkte, die in der Entwicklung sind. Deshalb sind Heerscharen von Experten damit beschäftigt, herauszufinden, wie die Äußerung »Kein Kommentar« bei IBM zu interpretieren ist. Selten gelingt ihnen dies, und selbst wenn es ihnen gelänge, würde ich darauf bestimmt nicht die Zukunft meines Unternehmens bauen.

4. Legen Sie sich eine Strategie zurecht

Auch wenn wir nie aktiv die Aufmerksamkeit der Medien gesucht haben, ließen diese es nicht zu, daß wir ein Schattendasein führten. Wenn man in der Sportbranche gute Arbeit leistet, will die Öffentlichkeit etwas darüber erfahren.

Wenn Sie also keine andere Wahl haben, als sich in der Öffentlichkeit zu äußern, sollten Sie sich zumindest eine Strategie zurechtlegen.

Mitte der siebziger Jahre schien ich der einzige zu sein, der wußte, was unsere Firma eigentlich tat und welche Bedeutung dies hatte. Damals bat uns *Sports Illustrated* um Informationen für einen Artikel über uns. Ich beschloß, mein Möglichstes zu tun, damit wir der Öffentlichkeit als das präsentiert würden, was wir waren, nämlich das führende Unternehmen der Branche. Ich wurde damals als der »mächtigste Mann im Sport« bezeichnet.

Dieser Artikel öffnete vielen Menschen die Augen, selbst Kennern der Branche. Manche kamen zu mir und sagten: »Wir hatten ja keine Ahnung, daß Sie all diese Dinge tun.« Das liegt daran, daß wir uns nicht ins Rampenlicht drängen, sondern Zurückhaltung für die bessere Politik halten. Bis zum Erscheinen des Artikels hatten Außenstehende keine Möglichkeit, an die darin enthaltenen Informationen zu gelangen.

5. Nutzen Sie den Hunger und das kurze Gedächtnis der Medien

Die Medien sind wie hungrige Bestien. Sie brauchen ständig frisches Futter. Außerdem haben sie ein enorm kurzes Gedächtnis. Die Kombination dieser beiden Faktoren ergibt eine interessante Mischung, die Sie zu Ihrem Vorteil nutzen können.

So hatte ich Ende der achtziger Jahre erneut den Eindruck, daß ich als einziger in unserem Unternehmen mitbekommen hatte, wie rapide sich unsere Aktivitäten ausgeweitet hatten. Seit jenem aufschlußreichen Artikel in *Sports Illustrated* war die Zahl der Mitarbeiter um das Fünffache auf über tausend gestiegen. Deshalb hielt ich den Zeitpunkt günstig, *Sports Illustrated* erneut unsere Mithilfe zuzusichern, als die Zeitschrift uns um Informationen für einen umfassenden Report bat. Wir gewährten den Journalisten neun Monate lang Zugang zu unserem Unternehmen. Wieder öffnete der 1990 erschienene Artikel vielen Menschen die Augen, und er positionierte uns für den Rest des Jahrzehnts angemessen auf dem Markt. Der Artikel gefiel uns so gut, daß wir 5000 Nachdrucke kauften, um sie unseren Klienten zu überreichen. *Sports Illustrated* bezeichnete mich erneut als »den mächtigsten Mann im Sport« und verwendete dieses Kompliment sogar als Überschrift.

6. Legen Sie sich eine Strategie zum Schweigen zurecht

Natürlich kommt es auch vor, daß man lieber darüber schweigen sollte, wie gut es einem geht. Wenn wir 100 Basketballspieler zu unseren Klienten zählen, schaden wir uns mehr, als wir uns nützen, wenn wir diese Information mit stolzgeschwellter Brust hinausposaunen. Zwar ist es gut für unser Ego, wenn wir verkünden können: »Wir sind groß!« Aber ein kluger Wettbewerber verarbeitet diese Information umgehend. Von nun an umwirbt er potentielle Klienten etwa mit dem Argument: »Die beraten so viele Basketballspieler, daß Sie nur eine Nummer sind.« Dies mag unfair sein, aber manche Klienten lassen sich davon überzeugen.

Mir wäre es lieber, wenn die Konkurrenz glaubt, daß wir nur 30 Basketballspieler beraten, selbst wenn es wirklich 100 wären.

Eine Einladung ist besser als ein Brief

Im Lauf der Jahre habe ich jede nur denkbare Methode gesehen, die Collegeabgänger anwenden, wenn sie sich bei uns um einen Job bewerben. Sie schicken Briefe, Fotos und Lebensläufe und machen sogar geschäftliche Vorschläge. Sie schreiben, wie gut ihnen meine Bücher gefallen. Sie bringen gemeinsame Freunde dazu, Referenzen zu schreiben. Aber die beste Strategie, den Kontakt zu mir oder irgendeinem anderen Manager herzustellen, hat nichts mit schriftlichen Informationen zu tun.

Diese Strategie läßt sich an einem Vortrag illustrieren, den ich 1994 an der Northwestern's Kellogg School of Business in Chicago hielt. Ich befand mich dort einzig und allein aufgrund der Beharrlichkeit eines MBA-Studenten. Er führte seit 1992 eine Einmannkampagne, um mich auf den Campus zu locken. Der junge Mann rief mindestens 20 Mal in meinem Büro an, bevor ich den Termin zusagen konnte.

Ich war nicht auf die Idee gekommen, daß er an einer Stelle bei uns interessiert sein könnte. Aber als der Vortragstermin näherrückte, bombardierte er mich mit Bewerbungsunterlagen und Referenzschreiben. Er hatte beeindruckende Dokumente vorzuweisen, aber sie waren eigentlich nicht notwendig.

Einer unserer Manager erbarmte sich schließlich und sagte ihm: »Sie können sich all Ihre Briefe sparen. Derjenige, der die Entscheidung trifft, kommt doch höchstpersönlich zu Ihnen. Sie werden einen halben Tag mit ihm verbringen. Sie können ihn im persönlichen Gespräch viel besser als auf dem Papier beeindrucken. Wenn der Tag gut verläuft, werden Sie einen Riesenvorsprung vor allen Mitbewerbern haben.«

Ich erwähne diese Begebenheit nicht, weil ich noch mehr Vorträge an Hochschulen halten möchte, sondern um darauf hinzuweisen, wie einfach es ist, Entscheidungsträger auf das eigene Terrain zu holen. Ich kenne nicht viele Manager, die sich nicht von der Einladung zu einem Vortrag in einer Business School geschmeichelt fühlen würden. In den meisten Fällen werden sie kommen, wenn ihr Terminplan es zuläßt. Für einen klugen Bewerbungskandidaten ist das eine goldene Chance.

Wenn Sie einen guten Eindruck machen wollen, dann schreiben Sie dem CEO nicht. Laden Sie ihn ein.

Campus Wirtschaftspraxis

Mark H. McCormack
Die Schule des Verhandelns
1997. 178 Seiten
ISBN 3-593-35786-0

Verhandeln ist nichts Punktuelles, sondern es ist ein Prozeßverlauf, dessen Ausgang im Prinzip offen ist, obwohl die Partner im Vorhinein zu wissen glauben, wohin es gehen soll. Dieses Buch beschreibt die Talente, die ein Verhandlungsführer benötigt, und zeigt, wie aus Verhandlungsbarrieren wieder Brücken werden können. Aus den elementaren Werkzeugen des Verhandelns werden immer fortgeschrittenere Techniken entwickelt, alle leicht nachvollziehbar an Beispielen aus McCormacks eigenem Unternehmen.

Mark H. McCormack
Die Schule des Verkaufens
1997. 177 Seiten
ISBN 3-593-35785-2

»Jeder Verkauf ist der Beginn einer lebenslangen Beziehung.« Realistisch ergänzt Mark H. McCormack: »Offensichtlich funktioniert das nicht« und fügt mit einem Augenzwinkern hinzu: »Aber es ist doch nicht falsch, am Anfang so zu denken.« Ein wirklich guter Verkäufer denkt nach vorn und möchte den Kunden langfristig an das Unternehmen binden. Mit überzeugenden Argumenten zeigt McCormack, wie das zu realisieren ist, und führt die Mitarbeiter im Verkauf von der ersten Stufe bis zum Verkaufsabschluß.

Campus Verlag · Frankfurt / New York

Campus Wirtschaftspraxis

Mark H. McCormack
Die Schule des Managements
1997. 257 Seiten
ISBN 3-593-35893-X

Im Laufe seiner erfolgreichen Karriere erlebte der inzwischen weltweit hochgeschätzte Unternehmer Mark H. McCormack viele Situationen, die er nur bewältigen konnte, weil er sich vorher einige grundsätzliche Gedanken über das Management seines Unternehmens gemacht hatte.

Er stellte fest, auch andere Manager und Managerinnen stehen immer wieder vor ähnlichen Problemen wie er selbst. Aus dem Bereich der Unternehmensführung stellte er zahlreiche Ratschläge zusammen, die er nun in Form eines Management-Leitfadens zugänglich macht.

Mark H. McCormack zeigt, wie sich Führungspersönlichkeiten Autorität bei ihren Mitarbeitern verschaffen und wie sie die besten Talente für ihr Unternehmen gewinnen können.

Er beschreibt Wege zur besseren Entscheidungsfindung und zu einer effektiveren Kontrolle der Kosten. Krisenmanagement gehört genauso zu den notwendigen Führungsqualitäten wie die Fähigkeit, effektive Besprechungen zu organisieren oder für ein kontinuierliches Wachstum zu sorgen.

Campus Verlag · Frankfurt/New York